EL GUIRIGAY NACIONAL

MARQUÉS DE TAMARÓN

© 1988 by Santiago de Mora-Figueroa y Williams,
Marqués de Tamarón.

De la presente edición: Miñón, S.A.
C/. Vázquez de Menchaca, n.º 10.
47008 - Valladolid.

ISBN: 84-355-0851-X
Depósito Legal: VA-505-88
Printed in Spain by Offset Juárez

EL GUIRIGAY NACIONAL

MARQUÉS DE TAMARÓN

Introducción

Manuel Alvar, de la Real Academia Española

Portada e ilustraciones interiores

Diego de Mora - Figueroa

Retrato del autor en contraportada

M. Argüelles

EDITORIAL
MIÑON

MICHAELANGELO OCHOA
QUI SAPIENTIAM AC BONITATEM
ELEGANTISSIME
IRONIA CELAT

INTRODUCCION

Leer este libro me ha llenado de desazones. Es posible que el curioso que a él se asome no esté de acuerdo conmigo. Tal vez el autor lo haya deslumbrado con las apariencias de eso que llaman estructura superficial; tal vez guste del desgarro, de la agudeza o de la ternura, que de todo hay. Tal vez. Pero las apariencias ocultan un quehacer patriótico, una voluntad política y una intención docente. Lo prodigioso es que una prosa flagelante lleva nuestros ojos tras el zigzag de los fucilazos o roza nuestros oídos con el rehilar de los zumbeles. Y, sin embargo, hay una preocupación por esa criatura hecha - deshecha entre todos y por su manifestación lingüística. No varios cientos de metros cuadrados en una exposición de tahúres barateros, sino la expresión de millones y millones de gentes que en ella aman y en ella odian y que por ella cuentan en la cultura de los hombres. Quehacer patriótico de defensa de lo que hemos heredado y no podemos dilapidar porque, siendo lo más nuestro que poseemos, es lo menos nuestro a la hora de venderlo. Podemos cambiar de religión, y aun ser fervorosos prosélitos de la nueva, o engendrar cualquier tipo de mestizos, o entusiasmarnos (aunque menos) con doctrinas políticas, pero la lengua que mamamos no nos permitirá ser diferentes de lo que fuimos y de lo que seremos. Quehacer político porque los prohombres olvidan muchos negocios de la polis, y el más importante (contando en dólares, o en marcos, o en francos suizos) es –precisamente– esa criatura delicada a la que no se protege con leyes que defiendan su dignidad, sus derechos (humanos) y su habitat. (¿Hasta cuándo?). Voluntad docente en tanto y tanto como se enseña para lograr los fines que a todos nos interesan. Porque este libro escrito por quien dice que navega con táctica de corsario o combate bajo la condición de fuerzas irregulares, es, sin embargo, el libro que los filólogos, por nuestra propia condición, debemos desear: nos ahorra muchas escaramuzas, y enseña, porque no pretende hacerlo. Rara vez quienes profesamos la lingüística nos podemos ocupar de estos motivos, porque son fugaces o responden a una llamada inminente o significan la dispersión en mil frentes. Entonces el hombre que sabe las cosas, que es dueño del objeto y que ha vidido fuera de su pegujal, dice lo que debe ser, pero que no lo es: lo que debiera ser, y que no parece; lo que será, si aún queremos contar entre los hombres. Todo en su conjunto y todo con la preocupación de conservar y mejorar la herencia.

He leído las páginas que siguen y sobre ellas podría hacer muy largas meditaciones, pues el autor nos da entrada en mil cuestiones que van desde la concepción del lenguaje como energeia y no como ergon (tesis humboldtiana) hasta la creación de lo que es una norma lingüística, pasando por concepciones teóricas que tienen que ver con lo que llamamos lengua de cultura, o el lenguaje como instrumento de unidad espiritual. Todo esto importa para saber el talante del hombre, su formación y su información, pero lo que nos hace discrepar, asentir, glosar, es el enfrentamiento con problemas concretos. Es ahí donde encontramos el valor sustancial de la obra. Tomemos unas palabras precisas, *cardumen, pesadilla, zorrocloco*. Pertenecen a mundos diversos y todas con su historia a cuestas porque *cardumen* está muy difundida en el metalenguaje de los pescadores como 'banco o bando de pescado' y posee no escasa bibliografía; aquí quiero recordar que es un portuguesismo viejo, que trasladó algún andaluz a América, donde se documenta desde el siglo XVI, por Juan de Castellanos, Pedro de Oña, Gaspar de Villagrán, el Padre Gumilla, lo mismo que hoy por la Andalucía Occidental o por mis Islas de Canaria. *Pesadilla* es para el autor «desdichado término» que mal puede competir con el *cauchemar* francés o con el *nightmare* inglés, pero las cosas no difieren tanto: *cauchemar* es un compuesto de *caucher* 'pisar' y del anglosajón *mara* 'fantasma', mientras que el inglés no es otra cosa que el 'fantasma de la noche', en tanto la *pesadilla* era un ser extraño que se montaba a horcajadas sobre los durmientes produciéndoles la opresión de los sueños malos (en portugués, el *pesadelo* pone la mano sobre el pecho para impedir los gritos). *Pisadeiro, cauco-viéio* y mil otras formas en otras tantas culturas, han hecho ver a las pesadillas como viejos o viejas que arañan el rostro del que descansa; algo así como los íncubos de la mitología clásica. También *zorrocloco* o *zorrococlo* 'hombre que parece bobo pero que no se descuida en su utilidad y provecho' merece nuestra consideración; la voz tiene plena vitalidad en Canarias y es una supervivencia de la viejísima costumbre de la covada, que, en el siglo XIX, aún existió en el País Vasco y que dura en muchos pueblos primitivos: tras el parto, la mujer se levanta para trabajar y es el hombre quien se acuesta para recibir los cuidados por su desgaste. ¿Cabe mayor utilidad y provecho?

Todo esto nos hace pensar en algo que muchas veces se dice en el libro: la relatividad de los valores, porque las palabras cambian de forma y olvidamos su origen, o mantienen la apariencia externa y es el significado lo que ya no se entronca con la estirpe. En los ejemplos anteriores tenemos buenas pruebas, a pesar de su parvedad, pero la relatividad de los significados es profundamente cambiante si se interfiere el mundo de la sexualidad y, por ende, de las interdicciones. Un día, Antonio Quilis y yo paseábamos por Valparaíso y veíamos ante nuestros ojos una espesa telaraña: aquella verdulería tenía por muestra *El coñito español.* (Todo fácil: el mensaje estaba descodificado; en Chile, *coño* es tanto como español y aquel compatriota había aclarado las cosas por si acaso). Otro día leí en un periódico mejicano: «La policía detiene en un cine a sesenta *maricones*». Di un salto y mi colega Lope Blanch me aclaró los temores: era un eufemismo, lo que en Méjico no puede decirse nunca es *joto, et sic et coeteris.* Pero ¿para qué ir tan lejos? ¿Cuántas veces en nuestros paseos por la Plaza Mayor de Salamanca hemos leído en una dulcería «se venden *chochos* típicos»? ¿O en Andalucía, en el bien cantado romance de Tamar, se ha sustituido *polla* por *pava* para evitar chistes fáciles? ¿O

9

aquella criada granadina que decía a mi hijo *capota de rosa,* para evitar lo de *capullo*? Que la lengua es mudable y reviscolera, aunque quienes nos dedicamos a ella a veces padecemos del hipocondrio. Y bien hace Tamarón en poner cada cosa en su sitio, pues toda esa sarta de temores acaba por no ser sino cursilería de la menos fina, y al autor (y a un servidor también) es cosa que horroriza, y si no ahí están todos esos capítulos que dedica al *parvenu* con el que se ha cruzado. Porque la cursilería es un producto urbano que los dialectólogos repudiamos y contra los remilgos de los tales (los cursis) preferimos los olores del cantueso, del almoraduj, del poleo, del serpol, del tomillo, del espliego o del romero. Y el habla de los rústicos también. Si no que mejoren los del melindre a estos pastores pirenaicos que me dieron grandes lecciones de rigor: trabajé en Ansó, volví años después, busqué a mi informante: «Don Jorge, por usted no pasan los años».– «No señor, se me quedan dentro». O aquel otro al que no entendía la explicación, y volvió pausadamente a instruir al neófito: «Mire usted, esto se cae de su mesma mesmedad». Es doctrina del maestro Fray Luis de León: el hablar remilgado será de las ciudades, pero el verdadero está en los campos, y ahí seguimos. Para librarnos de los anglicismos que indignan a Tamarón, de los idiotismos parasitarios de los políticos, de los neologismos inútiles. Porque éstos, los urbanos (es un decir) no saben lo que dicen (o saben lo que dicen para engatusar, lo que es peor) y aquéllos saben dar a cada cosa su hombre y a cada acción su verbo. Porque a veces ocurre que pensamos que el progreso es erupción y quedamos sepultados en la lava, como en el mecanismo que nos ataca por todas partes y nos anega inmisericorde.

Es verdad, eso del progreso por estos pagos no anda muy bien dirigido y somos una Europita en vías de desarrollo. En su artículo *Más idiotismos de los políticos,* Tamarón habla de nuestra RENFE y del SNCF. Las coincidencias son casuales. Lo que ya está más lejos de la casualidad es esta historia de cuya veracidad respondo por la palabra de mi amigo Gregorio Salvador. El CSIC organizó hace muchos años un curso para aprender a manejar ordenadores. Viniéron investigadores de todas partes y los resultados eran sorprendentes: se metía el programa, se tocaba la tecla y, milagrosamente, se obtenía una respuesta puntual. Tan prodigioso era el misterio que un jesuita se empeñó en saber si en la *Biblia* –y en clave cifrada– estaría oculto el Anticristo. Estupor, evasión, etc. Pero la insistencia era taladrante, al fin se metió el programa, se alimentó el ordenador con versículos apropiados, y salió la respuesta: R.E.N.F.E. ¿Quién habla de inteligencias artificiales?

Enfrentarnos con una cuestión es tirar de otra y de otra y de otra. El sentido de las palabras nos lleva a la relatividad de ciertos significados y esto a la utilización de los signos y de ellos a las técnicas más nuevas. Bajo mil apariencias lo que borbota continuamente es la pasión por el destino de nuestra lengua, que no es otra cosa que nuestra supervivencia como pueblo. Roma existió en tanto todas las provincias se comunicaban en la *romana lingua;* el día que los ciudadanos dejaron de entenderse, el mundo institucional llamado Roma había desaparecido. Lo que en estas páginas desgarradas se hace es dar testimonio de la historia; más aún, se hace Historia. Por eso conviene adelantar una afirmación que parece olvidada, somos resultado de un pasado y ser de hoy significa solidarizarse con una herencia. No hay hoy sin ayer y nosotros somos ya el tiempo pasado para los que vendrán mañana. Y nada de hoy se produce por arte de birlibirloque, ni nosotros somos otra cosa que el cruzamiento de millones de genes que se fueron transmitiendo. Porque, y son palabras de Homero, al hombre se le conoce por su linaje. Y a las lenguas también. Cuando nadie sepa el linaje de nuestro pueblo o de nuestra lengua, España no existirá. Por eso merece la pena traer luz de ayer sobre las cosas de hoy, no porque crea que se remedien por muchas candilejas que encendamos, sino para que nos entendamos a nosotros mismos.

Este libro denuncia estupideces, y hemos de decir que de ellas no están exentas los lingüistas, porque una cosa es la discreción y otra el conocimiento. Y es preferible discernir a repetir. Nuestra educación se ha hecho plebeya y chabacana. La lengua va a remolque y se envilece. Por lo que leo en su artículo *Cotorras,* Tamarón y yo pertenecemos a generaciones distintas (valga un buen paréntesis: el autor y el introductor jamás se han visto; tan sólo han tenido tres brevísimas conversaciones telefónicas). Ser de generaciones distintas no quiere decir que ciertos talantes no puedan ser comunes, por eso nos preocupa, por ejemplo, la pérdida de nuestro sistema pronominal y, por ende, de las fórmulas de tratamiento. Para mí es pobreza lingüística y depauperación de la intimidad. Igualitarismo y democracia nada tienen que ver con que a mis maestros (a quienes quiero y reverencio, con quienes tengo confianza infinita o que los considero «míos») les diga *don* o los trate de usted. No conviene confundir los apéndices nasales con las témporas. Porque diré que hoy (no en época de opresión) hay universidades que han cursado oficios diciendo el tratamiento que se merece un decano o un vicerrector (habitualmente demagogos antes de llegar a esto) y he visto en la puerta de algún despacho: «Vicerrector de Asuntos Pendulares, Ilmo. Sr. Don Fulano». Uno piensa en la dignidad idónea del adventicio y la denigración del cargo, ¿no sería mejor «Ilmo. Sr. Vicerrector de Tal y Tal Cosa, Profesor Fulano»? Porque tras mucho negar de los óleos, nos vamos creyendo ungidos para la eternidad. Quitamos (y bien quitados) los rinrorrangos de las instancias y se los cuelga el quitador. Allá por 1586, don Felipe II, nuestro señor, hizo publicar en Alcalá una *Premática en la que se da la orden y forma que se ha de tener y guardar en los tratamientos y cortesías de palabra y por escrito.* El Rey Prudente creyó útil «proveer de remedio necesario y conveniente, cerca de la desorden y abuso que había en el tratamiento de palabra y por escripto», y no se le ocurrió nada mejor que reducirlo «a algún buen orden y término antiguo». Y para que nada sea nuevo, a los Infantes e Infantas, sólamente se llame Alteza, y se les escriba en lo alto *Señor,* y en el fin de la carta se le ha de poner «Dios guarde a V. Alteza», sin otra cortesía. Y, por si fuera poco, «ninguna persona de cualquier estado, condición, dignidad, grado y officio que tenga, por grande y preeminente que sea, se pueda llamar por escripto, ni palabra, Excellencia, ni Señoría Illustrísima». Y otras muchas cosas no menos curiosas de saber. Porque resulta –¡quién lo diría!– que Felipe II también pensaba, como nosotros, en muchas inanidades, pero prestigiaba lo que debiera ser prestigioso, y no hablo de las *Constituciones* de América, donde los tratamientos dieron lugar a peliagudos problemas que acabaron en proliferación de mil fórmulas, de las que Dios nos guarde.

La lengua está viviendo un momento de su historia y hay que verlo y encaminarlo; he hablado –con Tamarón– de anglicismos y neologismos. Inútiles si no son necesarios; aceptos, si nos enriquecen. Digámoslo sin temor. La Lengua se empobrece con tanto abstracto que no hace sino alargar las palabras; es signo de decadencia, como, justamente eso mismo, fue un indicio en la decadencia de Roma. Fue entonces cuando el sustantivo *mente* se convirtió en utensilio gramatical (digamos adverbio) y hoy pisamos las mismas trochas cuando padecemos la terminación para cualquier cosa en la que la mente no entra. Pero los *-ción,* los *-ónico,* los *-logia,* y otros tantos aparatos ortopédicos, si son innecesarios, hacen que la lengua cojee, y la desfiguran, y le quitan precisión, y le hurtan sentido de la realidad. Que los andaluces transfiguran *eucaliptus* es lógico y natural (¿no se enredó don Antonio Machado entre los *evónimos* o boneteros?) y es lo que debe hacerse, ya no es lógico un lenguaje impreciso e inexacto entre quienes, por obligación, tendrían que decirnos las cosas claras, que para eso están las gramáticas y los diccionarios. Porque echar la culpa a la Academia es otro de los pigres descargos que se hacen: la autoridad sin poder es algo así como predicar en desierto. Y no digo que no haya culpas compartidas, pero ¿la sociedad se preocupa en remediar los males? ¿No estamos ante –otro más– de los desderes de quienes se creen espíritus-santos laicos? Pasan los años y el tiempo erosiona: un español podrá no entender a otro español. Cierto. (¿Qué le ocurrió a Lafayette cuando volvió a Francia desde Estados Unidos tras el triunfo de la revolución?) Pero una cosa es la evolución y otra la depauperación; ésa, resultado de una (buena) alimentación; ésta, producto de indigencia (mental). Que los tales deben saber (pero no se enterarán) que la vida necesita de energías y le sobran degradaciones. Conste que nada de esto riñe con la capacidad creadora, ni con el buen humor, cosas necesarias –según el bueno de Luciano– hasta para cruzar la laguna Estigia en la barca de Caronte. Un día (22 de septiembre de 1866), los Bufos Madrileños estrenaron en el teatro de Variedades de la zarzuela *El joven Telémaco,* en la que el mozo era huésped de Calipso. El hijo de Ulises fue agraciado con un coro de ninfas que, escuetas de ropa, cantaban aquello de:

> Suripanta-la-suripanta,
> maca - trunqui - de somatén,
> sun fáribun - sun fáriden,
> maca - trúpiten - sangasinén.

Cierto que el griego no era digno de Aristófanes, pero a la gente le gustó lo de *suripanta* y lo de los cueros y ahí se quedó la palabra para designar a algo más que a las coristas. Evidentemente el neologismo estaba mejor que inventar algo así como «graduadas sociales en técnicas superiores del erotismo». Además de ser más corto, tenía música, y, si se quería dignificar la carrera, ahí estaba el *sicalíptico* y el *sicalipsis* del primer cuaderno de *Las mujeres galantes* (1902), según nos contó Ruiz Morcuende. Claro que estas «mujeres galantes» nos llevan al momento político cuasi actual, cuando una diputada pidió que se quitaran del diccionario las palabras machistas (*hombre público* no es el masculino de *mujer pública,* ni, lo estamos viendo, *mujer galante* es el femenino de *hombre galante*). Pero ¿y *cabrón, cornudo* y otros tantos términos sin marcar en el otro género? ¿Y el estudiante que necesita aclarar las zarzuelas y periódicos de aquellos años? Preparémonos a deshuesar el diccionario, aunque, a lo mejor, la salvación nos viene de América. Porque esta lengua no es nuestra, ni la tenemos inscrita en el registro de la propiedad, si la hacemos nosotros solos, ni es de padres desconocidos, ni...

14

En algún momento Tamarón habla de pintadas y pegati- •
nas que tienen su conque, a pesar de no ser pudibundas, y
aun sublima su juicio con esta tirada lacónica: «la sobria
elegancia de expresión puede compaginarse con lo macabro». Y es verdad, pero remachemos el clavo; la palabra es
el instrumento de esa elegancia, pero palabra es forma y
elegancia, contenido. Las hermosas palabras son espejo de
íntimas limpiezas, como la de aquel amigo mío de Granada
(muchos lectores saben su nombre y apellido). El cemente-
rio está Alhambra arriba y, en el desvío del camino, el
aguaducho de *La Vimbre*. Subir el último repecho es un
pesado ministerio, y mi amigo dejó una manda en su testa-
mento para que, al bajar, se refrescaran en el quiosco los
que habían penado en la última cuesta. Tales son las palabras: elegantes para hacernos olvidar que el aprendizaje
tiene sus sinsabores.

Así vamos haciendo nuestra lengua, con algo más que el
palmetazo de los dómines. Y ella nos va haciendo para que
veamos el mundo, lo interpretemos y lo hagamos nuestro.
Es un mutuo, y hermoso, condicionamiento. Este libro me
ha hecho pensar en esas cosas, y en otras, que dejo para no
fatigarte, lector amigo. Al fin y al cabo, quieres leer a
Tamarón y no a quien lo deja en tus manos. Ojalá cuando
vuelvas la última página estés convencido de que nuestra
lengua es una criatura tierna y sensible que está reclamando
amor. Pero es esta una capciosa exhortación. Si no lo sintie-
ras ya, ¿hubieras abierto este libro?

MANUEL ALVAR
De la Real Academia Española

PREFACIO DEL AUTOR

Lo recuerdo muy bien, era un día de bochorno tropical cuando descubrí que no entendía a los nativos. Corría el verano de 1981 y yo acababa de volver a Madrid tras catorce años de ausencia. Los nativos eran todos españoles: altos funcionarios y políticos que hablaban de *posicionarse de cara a tocar el tema en profundidad y en solitario*. Por un momento creí haberme equivocado de reunión y estar en un congreso de pornógrafos pedantes, pero no, en esa sala caldeada se estaba hablando de política exterior y los participantes eran casi todos viejos amigos míos, gentes honorables y sensatas. Me había separado de ellos recién terminado nuestro paso por la universidad, los había dejado hablando en cristiano y ahora me los encontraba parloteando una jerga incomprensible. Yo seguía entendiendo a la pipera madrileña o al gañán andaluz –y desde luego al campesino peruano o al peón costarricense– pero ya no entendía a mis pares, a la crema de la intelectualidad española. Callé, humildemente tomé notas, y de ese trabajo de campo, entre filológico y antropológico, nació el *Guirigay Nacional*.

Percatado del talante marchoso de la sociedad española, más busqué en esta serie de artículos deleitar fustigando que instruir deleitando. De ahí su tono burlón. Si he lastimado a alguien, que me perdone. A nadie quise ofender con mis burlas, que por lo demás ni siquiera excluían al propio autor.

Sí quiero en cambio agradecer a muchos su ayuda. Ante todo a Prensa Española, S.A., que en *ABC* y *Política Exterior* dio cobijo –hasta que dejó de darlo– a mis escritos.

También al periódico sandinista *Nuevo Amanecer Cultural,* suplemento de *El Nuevo Diario* de Managua (Nicaragua), que reprodujo seis de ellos sin buscar imposibles afinidades ideológicas. Y a la Editorial Miñón, cuyo ánimo didáctico, unido al estímulo de la Junta de Castilla y León, le ha permitido columbrar en esta recopilación de sátiras alguna utilidad educativa que yo no hubiese osado alegar.

Pero quienes se merecen mayor gratitud son los amigos que durante años he asaeteado con cartas de consulta, llamadas intempestivas y encargos engorrosos. Se acabaron para ellos los fines de semana tranquilos. En cualquier momento podía sonar el teléfono con una pregunta peregrina sobre el léxico de su especialidad: ¿Qué diferencia hay entre el amantillo de la botavara y el frenillo del foque? ¿Qué es la metonomasia, que no viene en el Diccionario? ¿Tienes algún libro con una lista de plantas calcícolas? ¿Cómo se dice policía en cheli? Aprendí mucha terminología gracias a ellos, y aprendí que en España donde menos se espera salta la liebre erudita: quien de verdad sabía latín era un diplomático, un cura se convirtió en mi asesor náutico, la métrica me la aclaraba un jurista y el mejor nomenclátor de pájaros lo hizo un vinatero jerezano. Y comprobé algo más importante aún, la paciencia y bondad de mis amigos. Aparte de los que ya cito en el texto de este libro, quiero aquí agradecer sus favores a algunos de los más sufridos, a saber:

Doña Marina de Carlos, don Fernando Corral, Profesor don Manuel Fernández de Escalante, don Carlos Fernández Espeso, doña Blanca García-Valdecasas, Profesor don José Guillermo García-Valdecasas, Profesor don Valentín García Yebra, don Agustín Gervás, don José Ignacio Gracia Noriega, doña Corina de la Huerta, don Luis Jessen, don Luis Juárez, Señor Pierre Leyris, Profesor don Emilio Lorenzo, Profesor don José María Lozano, don Ignacio Martín-Lagos, Profesor don Roberto Mesa, doña Dagmar de Mora-Figueroa, don Diego de Mora-Figueroa; el Teniente de Navío don Javier de Mora-Figueroa, Presbítero; Profesor don Luis de Mora-Figueroa, Profesor don Jacobo Muñoz

Veiga, doña Pilar Murúa, don Miguel Angel Ochoa, el Marqués de O'Reilly, don Alfredo Pérez de Armiñán, la Condesa du Petit Thouars, doña Elena Quiroga de la Válgoma, el Marqués de Salvatierra, don Antonio Segura, don Mariano Ucelay, el Capitán Yraizoz y doña Isabelle de Yturbe. Mención aparte merece el Profesor don Manuel Alvar. Al prologar mis ensayos se ha comportado como un matador que ve saltar al ruedo a un espontáneo y en vez de avisar a los civiles le da la alternativa. También debo mucho a dos artistas: a la Condesa de Fontanar el haberme retratado tan guapo, y a don Diego de Mora-Figueroa, Marqués de Saavedra, su fiel trasunto de este libro en la ilustración de la portada, dibujo titulado *De como el hirsuto pueblo soberano bulle bajo la docta cháchara de sus clases dirigentes,* así como en las negras siluetas que alegran sus páginas.

Vaya por último mi reconocimiento a los muchos lectores –amigos desconocidos– que me enviaron comentarios, sugerencias y recortes de periódico con ejemplos de solemnes resbalones lingüísticos de nuestros personajes públicos. Y gracias también, claro está, a dichos personajes, fuente de sano esparcimiento en el gris ocaso de este fin de siglo.

Alto sostén y bajo sujetador

En los anales de la lucha de clases en el Reino Unido, 1954 es una fecha crucial. En ese año, hace ahora treinta, se rompió el tabú que impedía estudiar científicamente las diferencias lingüísticas –sobre todo de vocabulario– entre la clase alta inglesa y las otras. El precursor fue el Profesor Alan Ross, que publicó un artículo en una revista filológica finlandesa acuñando las categorías *U* (por *upper class*, es decir, de clase alta) y *non-U* (o sea, inusitado en la clase alta), y explicándolas con abundantes ejemplos. Las listas no permanecieron mucho tiempo en la decente obscuridad científica de Helsinki. Al rebasar los medios puramente eruditos produjeron un efecto devastador en la Gran Bretaña. No es que allí un cartero hubiese pensado nunca que lo iban a confundir con un duque, pero un director general de origen mesocrático –y aun oclocrático– sí que lo pensaba a veces. Después del estudio del Profesor Ross, no. Para colmo, el asunto fue aireado por Nancy Mitford, que mantuvo una polémica pública con su viejo amigo Evelyn Waugh. Este llegó a acusarla de actuar como quintacolumnista de los intelectuales de izquierdas en el seno de la oligarquía británica.

Pues bien, en España este campo de investigación permanece virgen. Nuestros lexicólogos, antropólogos y sociólogos lo tienen inexplicablemente abandonado. Por eso nosotros, un grupo de jóvenes científicos que firmamos colectivamente con un nombre no pseudónimo pero sí criptónimo, hemos decidido abordar este tema espinoso, y exponer sin más tardar al gran público los primeros resultados de nuestro estudio. Procuraremos hacerlo con el máximo rigor científico, desapasionadamente. Pero un prurito de sinceridad nos lleva a advertir que hay en nuestro grupo elementos muy radicales que lo que buscan es sembrar la cizaña entre la clase alta agonizante y las clases medias que creen haber conquistado todos sus objetivos sociopolíticos en España. Cualquier desavenencia entre ambos grupos opresores no puede sino favorecer al proletariado.

Por eso conviene aclarar que empleamos las categorías A (por uso lingüístico de clase alta) y B (por uso lingüístico de clase baja) en el entendimiento de que si bien A sí se aplica fundamentalmente a la clase alta, B se refiere a menudo a usos de las clases medias. Es más, ocurre en ocasiones que entre dos sinónimos la clase media escoge uno (por ejemplo *calzado*) y la clase alta y baja toman juntamente otro (*zapatos*). El actual estado de nuestra investigación no nos permite todavía asegurar que estas coincidencias ocasionales de vocabulario entre las categorías que pudiéramos llamar A + y B − se deban, como sospechamos, a una común aversión por el eufemismo. Algunos ejemplos nos inclinan a esa opinión: *desvestirse* y *devolver* sólo lo dice la clase media. Las demás se *desnudan* y *vomitan*.

Simplificando, pues, he aquí una primera clasificación a título de ejemplo esquemático, que podemos empezar con la vestimenta. *Sujetador, braga, slip y bañador* son B, mientras que sus sinónimos *sostén, pantalón, calzoncillo y traje de baño* son A (con la salvedad de que en Andalucía *baña-*

dor es voz única, A y B). Por de pronto esto ofrece la interesante posibilidad de que el vocablo *sujetador* termine siendo único, puesto que la clase alta suele estar menos sujeta al decoro en el vestir y está tendiendo a prescindir del *sostén*. En cambio *americana* (B) está perdiendo terreno en el uso lingüístico general frente a *chaqueta* (A). El caso del *chaqué*, conquista vestimentaria reciente de la clase media española, es muy curioso. La clase alta lo pronuncia con che suave, con acento francés. Pero es que en francés dicha prenda altoburguesa se llama *jaquette*, y se pronuncia de manera muy distinta tanto de la versión A como de la B españolas. Otro caso anómalo en este terreno es del de *gabán*. Es difícil saber si hoy en día es palabra A, B, o simplemente anticuada en toda la sociedad española, que dice casi con exclusividad *abrigo*. En cambio este último es en Andalucía apelativo residual B del *jersey* (B en toda España) o chaleco (A), o de la rebeca (B) o chaqueta de mujer (A).

Pasando a la casa nos encontramos de entrada con que *entrada* es A y *hall* es dudoso, con tendencia a B (*jol,* jolines...). *Sala* y *living* son B, *salón* y *galería* son A y *cuarto de estar* es ambiguo. *Alcoba* es B mientras que *dormitorio* y *cuarto de dormir* (sobre todo el segundo) son A. Pero el indicador social más seguro es el de *cuarto de baño* (A), que se traduce en B por *baño*. Se asegura que varios idilios interclasistas han fracasado tras un diálogo así: El (A): ¿Por qué tardabas en coger el teléfono? Ella (B): Porque estaba en el baño. El, con voz tierna: Entonces, estás ahora desnuda... Ella: No, estoy vestida. El, asombrado: Pero, ¿tú te *bañas* (expresión A) con ropa? Ella, irritada: No, rico. Yo nunca me *doy un baño* (expresión B), que eso no es higiénico. Una se ducha. Y además ahora, ya te digo, estaba en el *baño*. O sea, en el váter. El: Jesús, qué cruz (cuelga). Para terminar con este capítulo señalaremos que casi todas las fuentes consultadas coinciden en que hacer *pipí* es A y hacer *pis* es B.

El carácter social y no económico de la dicotomía semántica A-B resulta manifiesto cuando personas de recurson financieros similares pero de clase distinta van al mismo *restorán* (A) o *restaurante* (B). Quizá empiecen por preguntar por los· *servicios* (B) o por el *lavabo* (A). Interrogarán al camarero para saber *qué tiene* (A) tal plato de nombre exótico, o *qué lleva* (B). El camarero les contestará que la carne *va con* patatas y zanahorias. Si han cometido peculado y quieren celebrar pedirán *champagne* (A si se pronuncia a la francesa) o *champán* (B), pero nunca *champaña,* que sería lo lógico pero que nadie dice desde que murió Rubén Darío. Al final de la comida el anfitrión preguntará a sus invitados si quieren *copa* (B) o *una copa de coñac* o *algún licor* (A). Luego se irán, algunos en coche con *mecánico* (A) o *chófer* (B), otros en un *taxis* (B) o en un *taxi* (A).

Valga lo que antecede como botón de muestra del ambicioso estudio que hemos emprendido. Nuestros equipos volantes de filólogos, estadísticos y antropólogos se han adentrado en lugares como el Nuevo Club y el de Puerta de Hierro, el hotel Ritz y el Palace, el restorán Zalacaín y el Jockey (de estos seis sitios, cuatro son A y dos con B, pero la ética profesional nos impide revelar cuál es cuál) y en todos han obtenido informaciones preciosas. Disponemos de materiales aparentemente inconexos, que habrá que sistematizar. Hemos averiguado que *localidades* o *televisor* son B y *entradas* o *televisión* son A, que decir *mucho gusto* es B y *encantado* es A (aunque esta última contraposición está aún en estudio), y tantos otros hallazgos que iremos comunicando al público a medida que vayan pasando por nuestra unidad de proceso de datos. Pero todo ello requiere sutiles matizaciones. Porque no existe ningún español que sea constantemente A o B en el lenguaje, como no lo es en los modales o en la vestimenta (esto último es tema aparte que será investigado por otro equipo nuestro cuando vuelva de estudiar a los indios del Alto Orinoco). Y porque la connotación social del lenguaje evoluciona constantemente. Hace treinta años se podía tener *convidados* a *almorzar* o a *comer* (A), o *invitados* a *comer* o a *cenar* (B). Cuando el desarrollo económico aceleró la mezcolanza social, hubo años de caos en los ágapes: miles de ciudadanos se quedaron sin alimento porque acudían al mediodía cuando eran esperados por la noche, o viceversa. Pero pronto se serenaron las aguas y ahora corren por cauces sincréticos: se *invita a almorzar o a cenar* en todas las clases sociales por igual. Esta unanimidad es más práctica, claro. Tan sólo algunos elementos reaccionarios objetan que una vez más en España la gente únicamente se pone de acuerdo para destruir, en este caso la riqueza del lenguaje. Y que dentro de poco nadie entenderá quién era el *convidado* (A) de piedra. O qué ternuras sostenían los viejos *sostenes* (A) y albergaban las viejas *alcobas* (B).

(27 abril 1985)

Poco después de escribir el artículo que antecede leí el *Diálogo de la Lengua,* de Juan de Valdés, y comprendí que el culto caballero renacentista era, mucho más que Nancy Mitford o el Profesor Ross, el verdadero precursor de la sociolingüística de salón. Dejo al lector el placer de espigar por sí mismo en el *Diálogo* las elegancias con las que Valdés ninguneaba a sus contemporáneos, frases como «entre gente vulgar dicen *yantar,* en corte se dice *comer*» o «*lóbrego* y *lobregura,* por *triste* y *tristeza,* son vocablos muy vulgares; no se usan entre gente de corte». Se ve que ya entonces, hace casi medio milenio, era más distinguido ser llano que redicho.

El caso es que *Alto sostén y bajo sujetador* tuvo ecos inesperados para mí. En cierta empresa madrileña de servicios financieros, repleta de señoritos, circularon fotocopias del panfleto. Dicen que un trepa juncal lo enmarcó y colocó en su mesilla de noche, allí donde espíritus más recios ponen el *If* de Kipling y almas más pías la oración de San Francisco de Asís. Sólo podría deplorar el lugar común, si fuese cierto. Pero serán calumnias.

Me consta, en cambio, el morbo de muchos pues se me quejaron unos y otros pretendieron echar leña al fuego, sin ver que era juego.

Astuto, sí vio el juego don Julio Cerón, que escribió: «Son estas palabras de santo y seña que yo llamo *levadizas,* alzadas por una corporación para marcar su territorio y singularizarse de los ajenos a ella. La Marina es notoria al respecto. La Intelectualidad, no digamos: por miles se cifran en su seno las levadizas. [...] También la alta sociedad tiene alzadas sus levadizas, y lo sé por amarga experiencia: en 1959 el señor Castiella me expulsó de la carrera porque en la recepción del 11 de noviembre en la Embajada soviética se me escapó decir *chófer.* La levadiza en este caso era entonces *mecánico* y, por lo que he leído en el magistral Tamarón, sigue siéndolo veinticinco años más tarde» (ABC, 22.7.85).

Asimismo entró dos años después en el juego doña Carmen de Posadas. Su libro «Yuppies, jet set, la movida y otras especies» (Madrid, 1987), pese al subtítulo de «Manual del perfecto arribista», contiene errores tan graves como calificar de A *baño,* cuando es a todas luces vocablo B, y lo A es decir *cuarto de baño.* La falsedad es tan palmaria que acaso se trate de un crudelísimo sabotaje contra el pobre arribista. Otro que por esas fechas reprodujo mis observaciones fue don Angel Amable, que en su «Manual de las buenas maneras» (Barcelona, 1987) me describe como «críptico grupo de eruditos que se oculta bajo el pseudónimo de *Tamarón».* Que Santa Lucía le conserve la vista.

También explotó este filón lingüístico en 1987 (Junio y Julio, artículos en el ABC) don Alfonso Ussía, volviendo al problema de las bragas y del bañador, entre otros. Y don Luis Escobar, Marqués de las Marismas del Guadalquivir, siempre cortés y mirado, tuvo a bien mencionar *Alto sostén y bajo sujetador* como cita de autoridad en el programa «Hablando claro» (TVE, 8.10.87).

La ética profesional me obliga, empero, a terminar con un dato que no confirma mi criterio. Mi amigo el Marqués de O'R. me asegura que cierta muy alta persona dice «voy a hacer *pis»* y no *pipí.* Me inclino. Aunque estoy seguro de que esa alta persona, cuando realmente está con sus compañeros marinos, dice «voy a *mear».*

Idiotismos de los políticos

Vaya por delante una advertencia que quizá sobre al lector discreto: idiotismo que no es lo mismo que idotez. Es cierto que los políticos de todo signo hacen idioteces, pero el ámbito de estos ensayos es sólo lingüístico, por lo que aquí nos limitaremos a analizar sus idiotismos («ignorancia, falta de letras e instrucción», según el Diccionario).

Pero, ¿será simple idiotismo lo que hace decir a los gobernantes o aspirantes a gobernantes cosas como que los terremotos son «*imposibles de* **preveer** *a priori*» (el gobernador civil de Almería a la Radio N. E. el pasado 13 de septiembre)? En este caso sí; no cabe duda de que el citado gobernador ignoraba que se dice prever y no preveer y que de todas formas sobra el ornato latino del «a priori», ya que lo que sí es imposible es prever a posteriori, incluso los terremotos. Mas hay ocasiones en que la retórica incomprensible por incorrecta puede ser deliberada, a modo de nube de tinta que lanza el astuto calamar, como veremos después. Baste, por ahora, recordar el viejo apotegma anglosajón: «*Los políticos compran votos, pero con nuestro dinero*». Y completarlo con la observación empírica de que también compran votos con palabras, pero el lenguaje es nuestro, es el español, y lo están devaluando tanto como la moneda con sus hipérboles y solecismos interesados. En ese sentido habría que culpar a los políticos de idiotismo en la segunda acepción del Diccionario: «*modo de hablar contra las reglas de la gramática, pero propio de una lengua*». ¿De qué lengua? De la jerga común a casi todos los políticos, de izquierdas, derechas y centro.

El fenómeno no tendría mayor importancia si no fuese porque la jerga de los políticos se parece bastante al español. Como es parásito de nuestra lengua, está empezando a corromperla. Urgía, pues, establecer la tipología de dichos idiotismos. Nuestro equipo de filólogos y alienistas ha sido el primero en estudiar a fondo la cuestión («*en tocar el tema en profundidad y en solitario*», diría un político, como si de tocamientos impuros se tratase) y podemos ya adelantar un esbozo de clasificación con arreglo a un criterio mixto etiológico (causas) y teleológico (fines):

Idiotismos que buscan la anfibología interesada. –Ejemplos: «*España tiene voluntad de imperio*» (no se sabía si aquello significaba que a España le hubiera gustado seguir teniendo un imperio, pero se resignaba a no tenerlo, o que planeaba adquirir uno, ni si el hipotético imperio iba a ser geográfico, espiritual o de otro tipo hasta entonces inusitado); «*la flota pesquera española está sobredimensionada*» (declaraciones a la radio, este pasado verano, de uno de los jerarcas –ahora se dice altos cargos y antes jerarquías, mal en ambos casos– de la burocracia de la pesca, sin duda porque de haber dicho «*en España hay demasiados barcos de pesca*» el vulgo lo habría entendido y se habría asustado); «*España sorprenderá al mundo*» (¿cómo?, ¿por qué? Desgraciadamente la profecía se cumplió cuando Tejero entró en el Congreso con un idiotismo poco anfibológico, pero convincente: «*se sienten, coño...*»), etcétera. La última obra maestra de la criptografía ha sido llamar «*actividad atípica voluntaria o involuntaria*» al contrabando de armas (comunicado de la Dirección General de la Marina Mercante, 8 octubre).

Si comulgásemos con lo que Sir Karl Popper llama la «*teoría conspiratoria de la sociedad*» (la que atribuye cuando ocurre a alguna vasta conjura, judeo-masónica o fascista o del Opus Dei o roja, según los gustos) concluiríamos que todos los idiotismos pertenecen a esta categoría de obscuridades interesadas. Es, en efecto, tentador pensar que los políticos no podrían hablar tan mal si no tuviesen siempre intenciones aviesas. Pero tal doctrina no resiste un análisis científico. La experiencia demuestra que la necedad abunda más que la maldad.

Idiotismos por dárselas de originales. –Está claro que suena más elegante «*mil toneladas de capturas*», como dicen los tecnócratas, que «*mil toneladas de pesca*», en habla de pescadores. Incluso hay la posibilidad de cambiar el texto evangélico sobre la pesca milagrosa y convertirlo en la captura milagrosa, según nuestros espías carbonarios en los medios eclesiásticos modernistas. Por lo mismo que resulta más distinguido llamar «comandos» a las cuadrillas –palabra ésta vulgar y a la vez exacta, puesto que la emplea el Código Penal además del Diccionario– de bandoleros de la ETA o el GRAPO. Por cierto que también es notable refinamiento de políticos suprimir el artículo: «*ETA mató*», en lugar de «*la ETA mató*», o «*habló en Naciones Unidas*» en lugar de «*habló en la ONU*». Se trata, a fin de cuentas, de los mismos melindres que hacen decir al secretario de Estado para las Relaciones con las Comunidades: «*es incierto que España esté retrasando deliberadamente las negociaciones*», pudiendo decir «*no es verdad*».

En fin, queda mucha tela por cortar y habrá que seguir en un próximo artículo. O, como diría un político, «*obviamente, el tema no está tocado exhaustivamente y habrá que enfocarlo a nivel de una serie*».

(11 mayo 1985)

Más idiotismos de los políticos

Continuamos la clasificación de los idiotismos de los políticos dentro de nuestro estudio de la patología lingüística de dicha casta.

Idiotismos por obsesión sexual. –Nuestro equipo de psicoanalistas nos asegura que ésa y no otra es la causa de que ningún político diga honrado o recto sino *«honesto»* (en la calle la honestidad se entiende del ombligo para abajo), contaminación sino *«polución»* y cohecho o soborno sino *«corrupción»* (cuando de verdad hay corrupción de menores, los políticos hablan de *«desinhibición sexual»*). En cuanto al antes mencionado *«tocar temas en profundidad y en solitario»*, más vale no meneallo.

Idiotismos «yavalistas». –El «yavalismo» es el vicio nacional, mucho más que la envidia. Consiste en decir «ya vale» e interrumpir prematuramente una tarea, quedando en chapuza lo que debió ser obra bien hecha. Como los tribunos no se esfuerzan en encontrar la palabra exacta sino que pensando «ya vale» dicen lo primero que se les ocurre, tienden a desbarrar. Ya dijo Salaverría que tenían «el arte de no callar nunca, sucediera lo que quisiese». Sin duda por eso declaró cierto político *«sin modestia, creo que en el desbloqueo francés he tenido mucha parte, así como en ciertas operaciones de terrorismo internacional»* («Diario 16», 21 julio 1984). Nos consta que sólo ha participado en el terrorismo contra la lengua castellana.

Idiotismos por pedantería en la legislación. –En tiempos pasados se suponía que las leyes habían de ser redactadas de forma que todos las entendiesen. Las Ordenanzas Militares de Carlos III son un buen ejemplo de llaneza. Cuando disponen que *«todo oficial que sobre cualquier asunto militar diere a sus superiores informe contrario a lo que supiere será despedido del servicio y tratado como testigo falso por*

la Ley del Reino, y si fuesen ambiguas, misteriosas o impli-
cadas sus cláusulas se le reprenderá, obligándole a explicarse
con claridad», dan un doble ejemplo: ordenan con claridad
y ordenan claridad. Todavía cien años después, al redactarse el Código Civil, el estilo era claro, y bello por consiguiente.

Hoy no. Acabamos de leer («El País», 12 octubre 1984)
que se está preparando una granizada de recursos contra la
ley de Reforma Universitaria de 1983. No es de extrañar.
Ya su exposición de motivos está plagada de vaguedades
truculentas como «*el actual caos de la selvática e irracional*
estructura jerárquica del profesorado, totalmente disfuncio-
nal». Cuando las leyes pretenden algo tan grave como disminuir el número de estudiantes universitarios en ciertas
carreras con pocas salidas, más vale que lo digan bien claro.
Como se atrevió a decirlo con crudeza nada «*disfuncional*»
Fernández Navarrete, un arbitrista del siglo XVII: «*Y aun-*
que parezca que tiene algo de rigor el quitar a la gente
plebeya la ocasión de valer por medio de las letras, no lo es,
considerada la necesidad que los reinos tienen de gente que
acuda a los ministerios de las armas, a la labor de las tierras
y al ejercicio de las artes y oficios. Y débese ponderar que en
tan corta latitud como la que tiene España hay 32 Universi-
dades y más de 4.000 estudios de gramática, daño que va
cada día cundiendo más.»

El asunto ha sido tratado con lucidez en estas páginas
por don Sebastián Martín-Retortillo, de manera que sólo
nos queda sumarnos a su petición de que se restablezcan las
comisiones de corrección de estilo en nuestras Cámaras
legislativas. Pero de seguro que la mayoría de los parlamen-
tarios –incluidos los que se dicen conservadores– se opon-
dría por miedo a la claridad. Alegaría, como ya hizo uno de
sus primates poco ha, que «*eso es cosa reaccionaria*». ¿Qué
pensarían Ortega o Marañón, que mejoraron el estilo legislativo de las Cortes Constituyentes de 1931? ¿Qué pensará
don Camilo José Cela, que intentó traducir al castellano la
Constitución de 1978?

Idiotismos para divertirnos. –Ya hemos dicho que no es

32

científico deducir que siempre son malos los políticos. Nos atrevemos a añadir que creemos haber encontrado entre ellos buenas gentes, deseosas de distraernos inocentemente con frases incomprensibles pero pintorescas. Cuando un secretario de Estado dice que en Luxemburgo (o en Bruselas, o donde toque negociar en ese momento) va a producirse *«una explosión mística»*, la frase sólo puede compararse con los ruidos (*«rorro-nene-rico»*) que las personas mayores emiten ante los niños de teta para animarlos y hacerlos reír.

El gesto es de agradecer, pero ofrece riesgos para el lenguaje. Quizá es que los políticos no se han enterado de que el castellano es lo único de primera calidad que tiene nuestro país. La Renfe es peor que la SNCF, nuestros coches peor que los alemanes, nuestra ciencia no existe y ya hemos convertido los paisajes en vertederos. Pero todavía la lengua española es tan rica, precisa y lógica como la que más. Es lo único bueno que nos queda. Y cuando un político devalúa una palabra, nos está robando. Tanto como cuando devalúa la moneda comprando votos con la inflación.

(18 mayo 1985)

———

El restablecimiento de las comisiones de estilo en las Cortes ha sido también reclamado, en discurso ante el propio Rey, por don Leonardo Prieto-Castro (véase el *Ya,* 21.10.87). Inútil súplica. Los mayores de nuestro Soberano sí hubiesen podido hacer algo –San Luis Rey habría curado las escrófulas lingüísticas de los políticos por imposición de manos, y Felipe V con la Real Academia– pero las ventajas de la Monarquía feudal y las del Despotismo Ilustrado han desaparecido. Estamos en la *Century of the Common Man,* como repetía Evelyn Waugh consternado, y hay que atenerse a las consecuencias.

De tomos y lomos

En nuestra gira científica por los pudrideros del idioma no podía faltar una visita a las librerías, con ojeada a las obras recientes. Y bien decimos ojear y no hojear, porque, de momento, tan sólo en los lomos y portadas de los libros nos fijaremos. Se trata de hacer balance del estado actual del arte de titular las obras literarias.

Para ser bueno, un título de libro ha de reunir tres condiciones: ser fácil de recordar, no resultar cacofónico y provocar deseos de leer el libro. Nuestros clásicos eran muy conscientes de esta triple necesidad y –quizá en aras del primer requisito– usaban a veces refranes o frases hechas al bautizar sus obras: «El perro del hortelano» (de Lope de Vega) o «Las paredes oyen» (Ruiz de Alarcón). Algunos autores modernos, como Juan García Hortelano en «Gramática parda», siguen acudiendo a este sistema de evidentes ventajas. El inconveniente surge cuando el dicho es largo y se reproduce entero, como «Casa con dos puertas mala es de guardar» (Calderón): el título sigue siendo memorable, pero pierde concisión. La memorabilidad es buena para todos e imprescindible para las obras de principiantes. Si un autor consagrado llama a su obra algo tan inane como «Queremos tanto a Glenda», lo peor que puede ocurrir es que el lector la pida diciendo «deme eso de *Amamos a Greta...*, no, creo que se llama *Tessa nos gustaba a todos...*, bueno, ya sabe usted, el último de Cortázar». De todas formas le encontrarán el tomo. Pero si un desconocido publicase un libro con ese título languidecería en los anaqueles porque nadie podría pedirlo por su nombre ni por el del autor.

La segunda condición –eufonía– puede parecer trivial. No lo es. ¿Quién va a atreverse a pedir un trabalenguas como «Fragmentos para Miss Urquhart» (de Rafael Coloma)? Aun el trabalenguas deliberado y gracioso –tal que «Tres tristes tigres», de Cabrera Infante– acarrera riesgos de rechazo freudiano en el lector. A veces éste traduce involuntariamente al lenguaje llano los títulos enrevesados. Así fue como uno de nuestros investigadores oyó preguntar en una tienda por las «Cartas de un viejo verde». Se refería, claro estaba, a las «Cartas de amor de un sexagenario voluptuoso», de Delibes. El lance recuerda al que refiere Antonio Machado: «A ver, ponga en lenguaje poético "los eventos consuetudinarios que acontecen en la rua".» «Lo que pasa en la calle.» «No está mal.»

El tercer requisito también se olvida a menudo hoy en día. ¿Quién se sentirá tentado por un tejuelo que rece «Las condiciones objetivas» (Javier Maqua) o «Los helechos arborescentes» (Umbral)? Quizá los filósofos y los botánicos, con el chasco consiguiente. En cambio, ¿quién resistirá la tentación de leer o ver representar una obra que se titule «El vergonzoso en palacio»? En esto como en todo es un error creer que las modas culturales entrañan cambios en la naturaleza humana. La curiosidad sigue siendo la misma y siempre se verá atraída por un rótulo que anuncie intrigas, amoríos o misterios. En su género los títulos de las novelas de Julio Verne eran perfectos. «La vuelta al mundo en ochenta días» o «Cinco semanas en globo» daban ganas de leer los libros para averiguar el detalle de las aventuras que el simple epígrafe prometía, y ni siquiera con la traducción a otro idioma se debilitaba el atractivo. En cambio la costumbre de Agatha Christie de titular sus novelas policiacas («Diez negritos», «Tres ratones ciegos», etcétera) con coplas infantiles inglesas –recurso astuto en sí por el contraste curioso entre la frase risueña y el presumible crimen a que alude– plantea problemas insolubles al traductor. Los mismos que tendría un inglés para traducir una novela española de ciencia ficción llamada «Quisiera ser tan alto como la luna».

Cuestión discutible sería en cambio si ha de exigirse al título que sirva de ventanuco para atisbar el contenido del libro. En nuestro teatro clásico casi siempre el nombre insinuaba certeramente la acción de la obra, como, por ejemplo, «A secreto agravio, secreta venganza», de Calderón. Pero otros títulos igual de brillantes no cumplen esta misión, como «La tempestad» (Shakespeare). En definitiva, la función principal –aunque no la única– de ese letrero preliminar es la de anzuelo de lectores o espectadores. Si el título tiene gancho –por su gracia o belleza, o como sea–, vale. «El hospital de los podridos» (entremés atribuido a Cervantes) suena atroz, pero al menos no deja indiferente como «Las bicicletas son para el verano». Sin duda para aprovechar el poder evocador de la música o la liturgia, muchos autores han acudido a títulos sonoros aunque herméticos: «Sonatas» (Valle-Inclán), «Contrapunto» (A. Huxley), «Concierto barroco» (Carpentier), «Oficio de tinieblas» (hay dos, uno oficiado por Alfonso Sastre y otro por Cela), «De profundis» (Oscar Wilde), etcétera.

Mención aparte merecen los libros buenos con títulos malos, aunque hemos intentado hasta ahora separar ambas cosas, el lomo y el resto del tomo. Pero es que hay casos notabilísimos. Tan sólo una novela genial como «Robinson Crusoe» ha podido gozar de doscientos sesenta y cinco años de éxito pese a un título que suena mal en su lengua original y en todas las demás. Es cierto que la eponimia es una costumbre literaria muy antigua, y casi obligada en las tragedias. «Otelo» no hubiera podido llamarse «Historia de unos celos» como un serial radiofónico cualquiera. Sin embargo, más vale escoger con tiento el nombre del personaje si va a dar título a la obra. En ese aspecto concreto Cervantes anduvo más inspirado con «Pedro de Urdemalas» que con «Don Quijote».

Por último hay otro ingrediente –impalpable, indefinible y peligrosamente subjetivo– cuya ausencia coloca el nombre del libro al borde del ridículo, aunque reúna todos los demás componentes. «Confieso que he vivido» (Neruda) tiene un fallo misterioso. «¡Yo creo en la esperanza!» (José María Díez Alegría) tiene el mismo defecto en grado sumo. No, no es porque usa signos de exclamación, ni por llevar un verbo, cosas ambas poco aconsejables en el lomo de un volumen. Tampoco es por el dislate lógico y teológico –en la esperanza no se cree, se tiene– ni porque da gana de replicar ¿y a mí qué? No es por nada de eso. Es que es cursi.

(25 mayo 1985)

Hay que añadir una novedad literaria de título igualmente notable: *Ahora que las algas agonizan,* de doña María del Carmen Casala. Suena a epígono y consecuencia de *También se muere el mar,* de don Fernando Morán.

También debo aclarar que Cervantes escogió pero no inventó el sonoro nombre de *Pedro de Urdemalas,* pues se trataba de un personaje popular que desde la Edad Media andaba zascandileando por España.

Un abrazo

Si cual espías del Poder leyésemos hoy mil cartas particulares, de seguro encontraríamos que novecientas noventa terminan con «un abrazo» (el vulgo) o «un fuerte abrazo» (los políticos) o «un gran abrazo» (los banqueros). Así, a secas, sin tan siquiera el verbo enviar. Y, por supuesto, sin distinguir a la hora de la fórmula de despedida entre los destinatarios: padre, amante, amigo, conocido o dentista. Tenemos noticia de una señora de edad provecta –y por cierto relacionada con el mundo de la política, donde debe de ser la excepción que confirma la regla de la monotonía cursi– que se ha rebelado contra el estereotipo uniforme y se despide de sus amigos escribiendo «achuchones». Dice que si a los cabecillas autonómicos manda abrazos algo más íntimo tendrá que enviar a los amigos de verdad.

España nunca destacó en la literatura epistolar. El porqué es uno de los pequeños misterios de nuestra idiosincrasia cultural o quizá psicológica. Nuestros poetas, dramaturgos y, en menor medida, novelistas han sido tan buenos como los mejores extranjeros; nuestros autores de cartas no. En general brillan los españoles tan poco en este género como en el autobiográfico. ¿Será que escriben pocas cartas, que éstas no se conservan, que los descendientes tienen miedo a publicarlas? Algo de todo eso habrá, pero nos inclinamos a pensar que el motivo principal de la escasez de buenos epistolarios –tan abundantes, por ejemplo, en los países de lengua inglesa– es que somos un pueblo de teólogos y la «petite histoire» nos deja fríos. Olvidamos que la Historia no es sino la suma de muchas pequeñas historias, con sus mezquindades, ternuras y grandezas individuales que en ningún lado quedan más al descubierto que en las cartas. Recordémoslo con estas letras de un padre a su hija hace cuatrocientos años justos: «Vuestros hermanos y yo estamos buenos y con mucha calor que hace estos días;

como os debe escribir vuestra hermana y por no volver el papel no digo sino os guarde Dios como deseo. Vuestro buen padre». (Felipe II a la duquesa de Saboya).

Pero había algo al menos donde hasta hace poco lucía nuestra imaginación epistolar: en las fórmulas iniciales y finales. Tomemos como ejemplo la monumental –y muy amena– correspondencia entre Juan Valera y Menéndez Pelayo. Aquellos dos hombres tan distintos –el andaluz era viejo, liberal, aristocrático y cosmopolita, mientras que el santanderino era joven, reaccionario, burgués y nacionalista– intercambiaron durante treinta años cientos de cartas donde lo primero que maravilla es la infrecuencia de las repeticiones de fórmulas. Diríase que Valera modula sus despedidas según las circunstancias. Desde «No imite mi desidia; escríbame y créame su afmo. y constante amigo» hasta «Adiós. Escríbame, quiérame y consuéleme» (cuando acaba de morir su hijo de dieciséis años). Igual ocurre con las cartas de Valera a G. Laverde, donde abundan variadas fórmulas que hoy nos parecen extravagantes y que no eran sino sabias mezclas cambiantes de originalidad y lugares comunes de la cortesía, como «Dispénseme Vd. de que mis muchísimas ocupaciones no me permitan escribirte hoy de mi propia mano y mande cuanto guste a su apasionado amigo».

Hoy todas estas sutilezas habrían quedado confundidas en el sempiterno «abrazo». Entre españoles, que no entre franceses (el Bottin de 1985 trae diez páginas de modales escritos) ni entre ingleses (el Debrett's Correct Form tiene doscientas). ¿Serán más tontos que nosotros, más conservadores o más irónicos? Nosotros creemos que nuestra época es más franca y directa que las anteriores. En realidad es igual de insincera, pero mucho más aburrida. Obsérvense los mensajes que se cruzaban en 1739 un marino inglés y otro español, en guerra en el Caribe: «Yo soy, Señor, de VE su más humilde servidor, D. Eduardo Vernon Burford», terminaba el uno. «Yo quedo para servir a VE con la más segura voluntad, y deseo lo guarde Dios muchos años. Besa la mano de VE su más atento servidor D. Blas de Lezo», acababa el otro. ¿Cómo se escribirían hoy un oficial ruso y otro americano perdidos en el Artico? «¿Saludos proletarios» y «Saludos democráticos»?

La verdad es que las fórmulas nunca pueden ser sinceras, pero siempre son necesarias. Aunque sólo sea para indicar que el cuerpo de la carta ha terminado y evitar que un tercero añada algo. Y puestos a buscar el laconismo por encima de todo quedaba menos ridículo el «bene tibi» latino que el «abrazo» moderno: es más hipócrita prometer a un casi desconocido el éxtasis de una estrecha soba que desearle el bien.

Para evitar la uniformidad totalitaria sería conveniente conservar las pocas fórmulas arcaicas que subsisten. Pero ya el «Dios guarde a Vd. muchos años» suscita censuras de algunos progres. ¿Qué dirían si supiesen que el Rey sigue dirigiendo a ciertos monarcas cristianos cartas credenciales –para acreditar embajadores– que terminan: «Señor mi buen hermano y primo, de Vuestra Majestad buen hermano y primo Juan Carlos Rey»? No vemos más fórmula para modernizar la anterior que «adhesión democrática inquebrantable». ¿O el ubicuo «abrazo»?

(8 junio 1985)

Estas reflexiones fueron un triste barrunte premonitorio de la desaparición del *Dios guarde a Ud. muchos años,* consumada el martes 22 de julio de 1986. En esa fecha publicó el Boletín Oficial del Estado una orden aboliendo las «fórmulas de salutación o despedida» y las de «tratamiento o cortesía» en los escritos administrativos. Todo un récord: por primera vez en la historia se suprime la cortesía por Orden Ministerial. Y el firmante fue un ministro, el Sr. Moscoso del Prado, que ya no lo era más que en funciones; pese a sus méritos progresistas perdió el cargo días después.

Notable contraste con Agustina de Aragón, en quien nunca lo cortés quitó lo valiente y que se despedía en carta al general británico Doyle diciéndole: «Quédese V. a Dios y mande a su apasionada y fina amiga que más le quiere de veras». Don Luis Jessen, que me facilita este texto, aclara que la carta no es en modo alguno amorosa, pese a la reputación de Agustina; es cortés y no cortesana. El Sr. Moscoso la hubiese fulminado. Bueno, la hubiera fulminado si hubiese tenido más agallas que ella, cosa difícil.

41

Tres mentiras

Don Francisco Umbral y doña Pilar Urbano son una sola y misma persona. Se hizo un tenso silencio y todos miramos atónitos al ordenador que acababa de revelarnos uno de los secretos mejor guardados de este final de siglo. Las batas blancas acentuaban la lividez del rostro de nuestro equipo de analistas literarios que había alimentado al monstruo informático con varios miles de artículos de ambas firmas. Pedimos explicaciones al aparato y en el acto llegó la rotunda contestación: *Nadie en el mundo real habla ni escribe con barras y guiones. Si Umbral/-Urbano tienen la misma obsesión por puntuar de forma incomprensible es que son un solo ente o entelequia.* Los ordenadores no se equivocan. Sólo nos queda aconsejar al prolífico periodista que se quite el disfraz hermafrodita y diestro/siniestro (hombre-mujer-de-izquierdas-y-de-derechas, para entendernos) y firme todos sus artículos con el anagrama Umbrano.

Este singular enigma al fin desvelado no pasaría de ser una curiosidad literaria si no fuese porque ayuda a refutar una triple falacia muy de moda hoy en día. Para justificar su lenguaje pobre, obscuro, feo e impreciso –fruto de la pereza, la cursilería y la ignorancia– los políticos y los periodistas suelen, en efecto, alegar estos tres pretextos:

1.º «Hablamos y escribimos mal en mítines, periódicos, radio y televisión porque así se expresa el hombre de la calle.» Mentira descarada. ¿En qué calle hay un solo hombre con garganta capaz de reproducir con mugidos las barras y guiones de Umbrano? ¿Qué español de a pie dice *la pasada jornada* (oído en Radio Nacional) por *ayer*? ¿A qué pueblo llano creía imitar Antena 3 cuando dijo el 22 de octubre pasado «el armador *posibilitó* a los marineros tres coches»? ¿Cree ABC que un hombre con los huesos rotos exclama que su coche *colisionó* con otro? ¿Piensa «El País» (15 de diciembre) que los pescadores del mar Menor dicen «*a las cuatro semanas de iniciarse formalmente la captura de este molusco»,* en lugar de *«al mes de empezar en serio a coger ostras»?*

La verdad es que el hombre de la calle puede –y aun suele– ser vulgar, pero rara vez es cursi. La obscuridad relamida y el barbarismo redicho no nacen en el desgarro achulado de las calles y menos en la claridad brutal de los campos. Nacen en el quiero y no puedo cosmopolita de quienes han leído por el forro y con diccionario a un sociólogo francés de tercera o han ido a Londres en vuelo «charter».

2.º «Lo único que le está pasando a nuestra lengua es lo que siempre le ocurrió: que evoluciona.» Mentira piadosa. Si tan sólo hubiese evolución natural no tendríamos motivos de preocupación. Los neologismos suelen ser útiles y más cuando surgen con espontaneidad. No es una tragedia que *vale* substituya a *de acuerdo* o *sí señor.* Hoy por hoy no es más que una falta de educación y mañana ni eso será. Además nos salva de la invasión del O.K. norteamericano o del *correcto* hispanoamericano (que aquí los cursis hubieran terminado pronunciando *correzto* y los catetos *correto*). La tragedia está en el empobrecimiento gradual y en la creciente imprecisión del lenguaje. Claro que hay evolución. Pero cuando la evolución es a peor se llama degeneración.

Alguno de nuestros cientos de doctorandos que se dedican a hacer tesis a golpe de fusilar fuentes secundarias podía ocuparse con más provecho en contar el número de vocablos distintos empleados en un editorial de principios de siglo y en otro actual de la misma longitud. Encontraría casi con seguridad que el antiguo usaba un léxico dos veces más rico que el moderno.

3.º «La degradación del español sólo afecta a la estética del idioma.» Mentira suicida. La pobreza y la imprecisión de una lengua la hacen inútil para tratar asuntos complejos en la política, el derecho y la filosofía. Ya Unamuno, socarrón, aconsejó a sus paisanos que intentasen traducir la *Crítica de la razón pura,* de Kant, al vascuence antes de dar el espaldarazo a dicha lengua. Sin riqueza lingüística no se pueden analizar ni resolver los problemas llenos de matices de una civilización complicada. En bantú no se puede redactar un Código Civil. En bantú lo probable es que ni se pueda escribir a la novia nada más sutil que *yo querer cama con tú.*

Un político cínico podría –borracho– contestar que nada de esto le importa puesto que la pobreza de su habla le permite desconcertar a los cultos y la obscuridad engañar a los incultos. Pero a nuestros políticos les puede salir el tiro por la culata. Deberían leer un artículo en *Le Point* (3 de diciembre) donde se señala que, según un estudio del Institut Infométrie, el éxito de Le Pen y su movimiento de extrema derecha populista en Francia se debe a que es el único que se atreve a hablar a la gente llamando al pan, pan, y al vino, vino. Claro que las perogrulladas no suelen resolver los problemas enrevesados. Pero el hombre de la calle puede empezar a preferir las perogrulladas claras a las perogrulladas obscuras y salpicadas de barras y guiones. Y lo malo de un tiro así por la culata sería –en frase de Foxá– que a los políticos les darían una patada en *nuestro* culo.

(15 junio 1985)

Toda tema es postema

«Toda tema es postema», advirtió Gracián. Como es sabido que los que han hecho el Bachillerato en los últimos años son casi analfabetos, convendrá aclarar para su gobierno que la sentencia quiere decir que toda obsesión es un absceso. Gracián emplea, pues, *tema* como substantivo femenino en la acepción definida por el Diccionario como «idea fija que suelen tener los dementes». Acepción que nos parece muy idónea para calificar ciertos usos lingüísticos hoy en boga entre algunos periodistas, políticos e intelectuales semialfabetizados. Más que errores crasos son torpezas, muletillas pretenciosas y solecismos propios del mediopelo cultural. Sin ánimo de recogerlas todas –la mies es mucha– agavillaremos hoy unas cuantas temas para presentar a nuestros lectores en este junio florido un ramillete de memeces de moda.

El tema. Si Gracián volviese a este mundo deduciría que la mayor tema es el tema (en el sentido de «asunto o materia», claro). Hoy todo es tema: el tema del suspenso del niño, el tema de la OTAN, el tema de las letras del coche, el tema de la ecología. Todo lo que hasta hace quince años se llamaba cuestión, asunto, negocio, problema o incluso tema –según los matices– ahora se reduce a tema. Como una gran concesión a la riqueza de volcabulario, y cuando el caso es ya desesperado, se habla de *problemática* (nunca de problema). Así, cuando lleva tres años sin llover los ministros hablan de «la problemática del sector». Cuando sólo ha sido malo un año, mencionan «el tema de la pluviometría adversa». La gente del campo, menos fina, lo llama sequía o seca, blasfemando y haciendo rogativas. Porque no hay que olvidar que los *temas* están hechos para ser *tocados en profundidad por un colectivo* de expertos. No sirven para llorar, desesperarse o entusiasmarse con ellos. De ahí que los tecnócratas pusieran de moda la palabra. Sirve para *desdramatizar* las situaciones, que dirían ellos.

Lúdico. Es primor muy apreciado. Un titular como «Los niños podrán festejar en ambiente *lúdico* la feria dedicada a la lectura» (ABC, 2-6-85) podría redactarse «Los niños podrán jugar en la Feria del Libro», pero entonces perdería gancho para los viciosos de estas temas, ya que no para los niños. Aunque el término de marras ya aparece en el Diccionario (hasta esta última edición sólo se recogía *lúdicro*) sería triste que su uso desterrase el de los otros muchos vocablos referentes al juego y al regocijo de los que dispone el castellano: retozar, triscar, juguetón, travieso, festivo.

Masacre y holocausto. Hoy en día si hay más de tres muertos se habla de masacre, y si son más de diez se dice holocausto. Los Santos Inocentes fueron más y sin embargo su muerte se califica de matanza. En Centroamérica, donde saben mucho de eso, la gente se regodea previendo una «matazón de hijos de puta». ¿Qué ha pasado con nuestras entrañables matanzas, matazones y otras degollinas tradicionales? Pues que han perecido, víctimas del inexorable Síndrome de la Hipérbole Inalcanzable. En otro artículo les explicaremos de qué se trata.

Un *cerebro gris.* En cada organización se asegura que hay uno. En la Banca, en el Ejército, en cada sindicato o en cada partido político tiene que haber un Cerebro Gris. Se supone que es el poder oculto que hace y deshace entre bastidores, el genio que actúa siempre en la sombra. Prescindiendo de lo difícil que se hace creer que algo, bueno o malo, en la España de hoy sea producto del frío cálculo de un gran organizador escondido, la expresión *cerebro gris* es en sí un dislate hijo de la ignorancia de nuestros mentores intelectuales. El cardenal Richelieu tenía un confidente y consejero, el padre Joseph, un fraile que llegó a ejercer gran poder sin abandonar el talante retraído y la apariencia humilde. Este valimiento y el contraste entre la púrpura de Su Eminencia y la parda estameña del fraile hizo que el padre Joseph fuese apodado con ironía temerosa la *Eminencia Gris.* Aldous Huxley escribió un libro sobre él, con ese título, hace cuarenta años. La expresión hizo fortuna en el mundo anglosajón y se usa para designar a cualquier político o burócrata con más poder real del que ostenta oficialmente. Cuando se importó la locución en España algunos listillos creyeron que se refería a la *materia gris* que contiene el cerebro, y en el suyo –en su cerebro o en lo que haga las veces de tal– se debieron de cruzar algunos cables, naciendo triunfal el latiguillo del *cerebro gris.*

Lo malo de estas temas –y otras que ya iremos disecando– no es tanto su condición ridícula o reiterativa cuanto el empobrecimiento que acarrean en nuestro vocabulario. Con un mecanismo parecido al que en la economía describe la ley de Gresham («el dinero malo expulsa al bueno») estos fetiches verbales terminan asesinando a sus sinónimos de mejor derecho, mayor belleza y superior precisión. Depauperan el castellano. Y el único juicio de valor seguro en la evolución de una lengua es que todo empobrecimiento es malo.

Por eso nos atrevemos a pensar que si Gracián levantase la cabeza complementaría su *«toda tema es postema»* con un tajante *toda tema sea anatema.*

(22 junio 1985)

———————

A propósito del Père Joseph, consigue la mejor quintaesencia de dislates don Domingo del Pino en su artículo *Los Bolonios* (*El País,* 13.4.86), donde dice:

«Un español de auténticas calzas bajo la sotana, Gil de Albornoz en su tierra, Aegidius Albornotius entre los italianos, cardenal de grandes designios al estilo de aquel jesuita descalzo que inmortalizó Aldous Huxley en *La eminencia gris,* reconquistó en tierras de la Reggio-Emilia las propiedades, fincas, palacios, ciudades, condados y marcas a que la Iglesia romana creía tener derecho como heredera de Pedro, sometió a nobles y plebeyos y acumuló títulos y privilegios».

Los «jesuitas descalzos» no existen, el Père Joseph era capuchino y, sobre todo, el Cardenal Albornoz era lo contrario de una eminencia gris: era una eminencia purpurada, arquetipo del género y prototipo de Richelieu. Y el Sr. del Pino, fenotipo del listillo español.

Cada loco con su tema

El dicho «cada loco con su tema» se refiere a *la tema* («idea fija que suelen tener los dementes», según el Diccionario) y no *al tema* (una de las temas o fetiches verbales de los políticos y periodistas de hoy cuando no saben qué decir). Dicha casta –no la de los locos, sino la de los políticos, periodistas, burócratas y demás *formadores de opinión, «opinion-makers»* en inglés– es muy aficionada a ciertas palabras, en general equivocadas, a las que atribuye valor mágico. Con razón, porque suelen permitirle ocultar la indigencia o lo torcido de sus razonamientos. De esas temas en boga hemos comentado ya varias, pero el disparatorio contemporáneo es rico y conviene proseguir su estudio.

Animal político.– Aristóteles dijo que el hombre es por naturaleza un *«zoon politikon»*, o sea, un animal social y político en el sentido de dado a la vida en comunidad. Es notable dislate decir, como empieza a ser habitual, que el ministro Fulano o el diputado Mengano son animales políticos. Ya Unamuno aseguraba que los únicos animales son los que traducen así. Y es verdad, pero ¿qué más nos da que los *formadores de opinión* se llamen animales entre ellos? Sus razones tendrán. Será que han convertido la razón de estado en razón de establo, que decía el clásico español.

Tecnología.– No se llega a ninguna parte diciendo *técnica.* Hay que decir tecnología, que es más largo y más distinguido. Como hay que decir *«noujau» («know-how»)* en lugar de pericia o conocimientos. La última edición del Diccionario de la Real Academia define *técnica* como el «conjunto de procedimientos y recursos de que se sirve una ciencia o un arte», y *tecnología* como el «conjunto de los conocimientos propios de un oficio mecánico o arte industrial». La diferencia parece clara. Sin embargo, al redactor del preámbulo de ese mismo Diccionario no debió de gustarle y sacrificó la precisión verbal ante el fetiche, escribiendo esperanzado: «Es posible que las nuevas *tecnologías* que se han empleado en esta edición permitan que se haga la vigésimo primera en un plazo bastante más corto que el que separa la vigésima de la décimo novena.» En fin, vivan las tecnologías si nos evitan otros catorce años de espera hasta la próxima edición.

Compromiso.–El señor Garrett, que dio clases de inglés a cientos de diplomáticos españoles, gustaba de decirles en broma que el castellano es tan intransigente que carece de una palabra que traduzca el *«compromise»* inglés, y que no deja de ser revelador que *componenda* tenga un claro sentido peyorativo. Quiza por eso nuestros diplomáticos –y detrás de ellos los susodichos *formadores de opinión,* como borregos– se apresuraron a lanzar el anglicismo *compromiso.* Lo único que han conseguido es que nuestra lengua sea un poquito más ambigua y pobre –mala cosa para la diplomacia– al desdibujar las acepciones legítimas de *compromiso.* Ni siquiera se trata de uno de esos neologismos necesarios, que llenan un hueco irritante. Es cierto que *avenencia* o *arreglo* no recogen el sentido de concesiones mutuas que tiene el pragmático *«compromise»* inglés. Pero *acomodamiento* y *ajuste* sí. Como también *transacción.* Bien, pues a pesar de todo se va extendiendo el uso espurio de *compromiso.* Su única ventaja –para los políticos, claro está, no para el resto de los españoles– es que cuando un hombre público dice que ha llegado a un compromiso con alguien ya no se sabe si se ha *comprometido* o ha *transigido* en algo.

Parámetros.– Es la tema perfecta, el fetiche más milagrero de los formadores de opinión. No quiere decir nada en absoluto. Nada. O todo, según el tono de voz o la intención íntima del que la usa. Intención que no hay por qué manifestar. Es un simple ruido, o garabato escrito. Se comprende que a los que viven de la ambigüedad les guste más que a un tonto un látigo. El Diccionario dice que *parámetro* es la «línea constante e invariable que entra en la ecuación de algunas curvas, y muy señaladamente en la de la parábola».

Como eso sólo lo entienden los doctores en Ciencias Exactas, a los demás se nos puede hablar con impunidad de parámetros atribuyéndoles al azar el significado de marco conceptual de una cuestión, líneas generales de un problema, condicionamientos, solución, imposibilidad de toda solución. Cualquier cosa.

Por este camino llegaremos al lenguaje inefable. Inefable quiere decir, en puridad, que no se puede hablar. Cada cual hará su gárgara o su cacareo o su gruñido y le dará el sentido que le plazca, sin preocuparse de que lo entiendan o preocupándose de que no lo entiendan. Cuando llegue ese día del guirigay total habrá desaparecido la civilización y sólo podremos llorarla o encogernos de hombros y decir: «Cada loco con su tema.»

(29 junio 1985)

La tema del *parámetro* fue de nuevo examinada en el *ABC* el 4 de agosto de 1987, por don Fernando Lázaro Carreter. Aludió a su origen italiano y perfecta inutilidad –salvo para los estafadores– y provocó la apología proparamétrica del catedrático de Lógica don Manuel Garrido. A ésta replicó el profesor Lázaro *(ABC,* 17-10-87) reiterando su pobre opinión del *parámetro* extramatemático, «una intromisión pedantesca en nuestro buen hablar». Y en el mismo periódico (13-11-87) volvió a la carga, airado pero docto, el profesor Garrido. No me convence su defensa del *parámetro* de los *formadores de opinión;* peca de optimismo impropio de un catedrático de Lógica si no ve el peligro de dar semejante arma polisilábica a los charlatanes.

El ciempiés culilargo

Sigamos elaborando un disparatorio o necedario con las principales temas –latiguillos mágicos– de nuestros modernos *formadores de opinión*. Destaca entre estas ideas fijas la manía de usar adverbios modales terminados en *mente*. Así, nadie importante dice hoy en día *está claro que*. Hay que decir *obviamente*. Salvo raras excepciones –don Miguel Herrero de Miñón dice en un alarde de concisión *es claro que*, pero aún no sabemos qué será de su carrera política si sigue empeñado en hablar de forma que se entienda –nuestros hombres públicos andan encandilados con estos fetiches. Primero descubrieron *evidentemente*, y ahora el santo y seña para reconocerse entre iniciados es *obviamente*, traducción consciente o inconsciente del «*obviously*» inglés. No importa que en español la be y la uve seguidas sean casi impronunciables. *Obviamente* viste mucho.

Dos son los inconvenientes de estos adverbios modales. El primero y principal es de orden práctico: el sufijo –*mente* tiene tal peso fonético (mucho más que el ingrávido –*ly* inglés o el borroso –*ment* francés) que estorba a la transmisión del pensamiento que pretende recoger la frase. Alguien –¿Borges?– dijo que el énfasis de esas dos sílabas finales distrae de las anteriores, y termina uno oyendo o leyendo sólo «mente» y no las precisiones que se pretendía dar. En todo caso es cierto que nadie con prisas y ganas de ser claro dice «ve rapidamente a casa, abre completamente las ventanas y vuelve directamente aquí», sino «ve corriendo a casa, abre de par en par las ventanas y vuelve derecho aquí».

En general el engorro citado se evita usando una preposición (las preposiciones suelen tener talante menos prepotente y ruidoso) seguida de un substantivo. ¿No resulta más vigoroso *por completo* o *con energía* que *completamente* o *enérgicamente*? ¿No suena más tierno *con ternura* que *tiernamente*?

El segundo inconveniente de los citados adverbios es que son feos. Destrozan con su pesadez todo ritmo en el lenguaje, escrito o hablado. No hay literatura posible con esos ciempiés culilargos. Recordemos el delicioso madrigal de Gutierre de Cetina que empieza *Ojos claros, serenos,/ si de un dulce mirar sois alabados,/ ¿por qué si me mirais, mirais airados?* Pues bien, sólo con introducir dos de las macizas desinencias hoy en boga, sin cambiar ninguna raíz, queda este adefesio: *Si sois alabados por mirar dulcemente/ ¿por qué, si me mirais, mirais airadamente?*

Si la poesía no sobrevive a semejantes palabrejas, tampoco las soporta la elegancia lacónica de un epigrama. *La necedad siempre entra de rondón, que todos los necios son audaces* (Gracián) se convertiría en *la necedad habitualmente se introduce inopinada y abusivamente, ya que todos los necios obran audazmente.* Claro que los formadores de opinión ya han advertido que lo que quieren es cambiar nuestra cultura y nuestra sociedad, así es que acaso encuentren vulgar el *sonó la flauta por casualidad* de Iriarte y quieran cambiarlo por *sonó la flauta aleatoriamente.* Desde luego esta última palabra es uno de sus fetiches.

Ya sabemos que ni la claridad ni la belleza importan mucho a los *formadores de opinión.* Pero, ¿y la vergüenza? ¿No les dará azaro a veces pensar que pueda escucharlos su abuela del pueblo, que sin saber lo que era un adverbio modal hablaba en cristiano y se le entendía? ¿O no tendrán abuela? Porque lo que está claro es que el pueblo que tanto invocan (bueno, si son políticos lo *evocan* por gozar de otro fetiche verbal) se ríe del galimatías en *–mente.* En los años cuarenta, época del racionamiento, corría un chiste que decía: «con la Monarquía *realmente* se tomaba café, con don Miguel Primo de Rivera *generalmente* se tomaba café, con la República *ordinariamente* se tomaba café, ahora *francamente* no se toma café.» Uno sospecha que la gente no se reía sólo de la malta y las bellotas, sino también del retumbar vácuo y pomposo de aquellos adverbios extraños –tan sucedáneos de los términos tradicionales como la cebada tostada lo era del café– que empezaban a proliferar en boca y pluma de las entonces llamadas *jerarquías,* padres de los *formadores de opinión* de ahora.

Lo malo, como siempre, no es el uso aislado de estos adverbios monótonos, sino su abuso. En proporción de más de uno por página parece que empachan. Además los hay pésimos (como *obviamente),* los hay malos y los hay hasta graciosos. Entre estos últimos podríamos incluir dos de los más antiguos, viejas palabras venidas a menos en la sociedad, rancios términos que hoy suenan paletos, pero no cursis: *mayormente* (el Manual de Estilo de TVE dice que «es poco elegante y debe evitarse»; Cervantes no siguió este consejo del Sr. Calviño) y *mismamente.* No estarán tan mal cuando nuestros *formadores de opinión* no los usan y sus abuelas de pueblo sí.

(13 julio 1985)

De toreros, marinos y políticos

Tumbado en un diván con displicencia –pero ágil y cortante como un bisturí en pensamiento y palabra– solía Mallarmé recibir a sus discípulos. Fumaba sin cesar, para interponer una cortina de humo entre él y la realidad, según decía. Un día lanzó a través de la nube la pregunta: *«¿Con qué se hace la poesía?»* Un admirador contestó: *«Con imágenes».* *«No».* Otro terció: *«Con ideas».* *«No».* Alguien aventuró: *«Con belleza pura».* *«No».* Silencio teatral. Por fin el maestro desgrana la sentencia. *«La poesía se hace con palabras».*

Aunque la escena se parezca a la de Sarita Montiel cantando «Fumando espero» en «El último cuplé», la conclusión debería ser aprovechada por nuestros hombres públicos y demás *formadores de opinión.* Las leyes, los programas, los manifiestos, los artículos de periódico se hacen con palabras y no con otra cosa. Las intuiciones geniales o pedestres, las grandes verdades y grandiosas mentiras se quedan en informes visiones subjetivas si no se transmiten al prójimo. Y la transmisión –de no ser mediante el uso subliminal de la imagen plástica, que es el gran fraude de nuestro tiempo gracias a la televisión– ha de hacerse con palabras. No hablamos porque pensamos, pensamos porque hablamos.

Ahora bien, las palabras tiene una doble naturaleza, fuente de conflictos. Por un lado son signos codificados, significaciones inequívocas (al menos atendiendo al contexto) que exigen en el uso un rigor sin el cual el mensaje será incomprensible. El disléxico que vaya a la tienda a comprar patatas y pida tomates tendrá problemas, como el que en un discurso proponiendo la nacionalización de las panaderías se equivoque y diga lupanares.

Mas por otro lado «una lengua no es un producto cristalizado, sino energía en perpetua transformación», como acaba de recordarnos Sábato citando a W. von Humboldt. De ahí que los neologismos sean no sólo inevitables, sino a veces provechosos por lo que tienen de enriquecedores. Siempre, claro está, que no creen ambigüedad (como ya vimos que ocurre con *compromiso* en el sentido inglés de *transacción)* y que sean necesarios o al menos útiles *(confusionismo* es de una inutilidad espectacular si se compara con *confusión).*

La única forma de resolver con sensatez los frecuentes conflictos entre la precisión y la evolución, entre la exactitud codificada y la adaptación del lenguaje al cambio social es pensar, antes de rechazar o aceptar un neologismo, si nos conviene. Una vez aclarado este punto hay que proceder sin dilación a regular el uso del nuevo vocablo (evitando así la imprecisión), o intentar impedirlo (la única arma eficaz suele ser la burla, cruel a ser posible) o proponer voces alternativas (como se ha hecho en Francia, empleando incluso el «Boletín Oficial»). Quienes mejor podrían hacer esta labor son los *formadores de opinión,* pero como siempre andan en celo y jadeantes buscando la coyunda con la última moda, por fea y tonta que sea, mejor es olvidarse de ellos salvo para zaherirlos.

Quedan los escritores responsables, académicos o no. Muchos acometen este trabajo hercúleo de limpiar establos e intentan en diversas publicaciones de gran difusión eliminar algo de la basura que otros producen. Aunque parezcan –parezcamos, si se nos permite colarnos en tan meritorio coro– voces que claman en el desierto, podemos pensar que sin nuestras escobas habría más cochambre aún. Alvar, M. Seco, Caro Baroja, F. Lázaro Carreter, Cela, Ayala, A. Sastre, M. García-Posada –por citar sólo a algunos de los que en los últimos meses hemos leído– intentan con ahínco, sabiduría y, sobre todo, sentido común poner orden en el lenguaje y coto a la necedad.

El que aun tan ilustres maestros a veces se tiznen no prueba sino lo abundante de la suciedad. Si Cela (en «El

País», 15/12/84) usa un torpe *en solitario* (por *a solas)* será que hasta nuestros autores más castizos corren peligro. Cuando Alvar –estilista puro donde los haya– condena el uso de la expresión «el Embajador de España *cerca de* la Santa Sede», olvidando que el Diccionario la recoge incluso con ese mismo ejemplo, y en el mismo párrafo (en el «ABC», 10/6/85) confunde *deber* con *deber de,* sólo nos cabe suspirar con Horacio: *indignor quandoque bonus dormitat Homerus.* Pero tiene la ventaja para nosotros los aprendices de que nos permite esperar indulgencia de nuestros maestros cuando hagamos la pifia fatal.

Por último, y en relación con la expresión diplomática antes citada, recordemos que si los viejos oficios tienen jergas propias –en general recogidas en el Diccionario– no es por capricho o para que parezca bonito. Es por el necesario rigor en el lenguaje. Es porque las cosas no pueden hacerse bien empleando vocablos erróneos o imprecisos. No sólo «la poesía se hace con palabras». Es que hasta *un barco se gobierna con palabras.* Si el oficial de guardia no ordena «Larga escota del trinquete; caza mayor al medio», si no dice esas palabras (entiéndasenos bien, precisamente esas palabras y ninguna otra de más, de menos o distinta) la maniobra de virar por avante saldrá mal y el barco podrá irse a pique. Si el matador no explica a su cuadrilla lo que quiere en términos exactos, puede que el toro lo empitone. Claro es que pedir a nuestros políticos la precisión de un torero o de un marino es pedir peras al olmo.

(20 julio 1985)

De reala de catetos a colectivo de cursis

España ha pasado en cincuenta años de ser un país de catetos a ser un país de cursis.

Esto no es en sí ni bueno ni malo; es un mero hecho sociológico. Su corolario lingüístico es por el contrario fácil de valorar: un desastre. El cambio salta a la vista, o mejor dicho al oído. El cateto –ya fuese campesino ya pequeño artesano de pueblo o ciudad– tenía un vocabulario muy rico, porque lo necesitaba en la vida diaria, mientras que su nieto el cursi no precisa más de un millar de palabras y por consiguiente ése es todo el horizonte de su léxico. En su trabajo de oficina o de fábrica no necesita mas de una docena de vocablos especializados, y un número parecido para el automóvil, el fútbol o la caja tonta. El evidente empobrecimiento ha sido muy estudiado, pero uno de sus aspectos concretos no parece haber sido objeto de atención particular. Nos referimos al triste caso de la desaparición de los nombres de conjuntos.

El castellano es, o era, muy rico en nombres que designan las agrupaciones de cada clase de animales, personas o cosas. No se dice un *grupo* de abejas, pájaros o peces, sino *enjambre, bandada o banco* respectivamente. Pero además hay nombres peculiares según la especie del animal. Igual que disponemos de *robledal* o *pinar* para precisar ciertos tipos de bosque tenemos *bando* para las perdices y algunas otras aves, *recova* para los perros de montería, *rebaño* para las ovejas o cabras, etcétera. También hay palabras distintas según el número de individuos que componen ciertos grupos: no es lo mismo un *hatajo* que una *punta* o una *piara* de ganado. Como varía en ocasiones el nombre del conjunto según la disposición de sus unidades o la función que en ese momento desempeñe, y no es lo mismo un *tiro* de mulas (enganchadas) que una *recua* de mulas (en hilera y usadas como bestias de carga).

Los matices son múltiples. Casi todos sabemos que no es lo mismo una *yunta* (de dos bueyes) que una *collera* (de dos pájaros) o un *tronco* (de dos caballos o mulas), pero pocos recuerdan que *manada* no sólo se aplica a los lobos y otros animales salvajes sino también a los cerdos y a otros ganados que no forman *rebaños*. Y muy pocos saben lo que es una *parada* o una *baraja* (de cabestros), igual que tiende a olvidarse la diferencia entre una *partida* (de cazadores) y una *armada* (de monteros). Ni siquiera, pues, cuando el grupo es humano hemos logrado mantener la variedad específica. La *cuerda* de presos, la *familia* de criados o la *cuadrilla* de bandoleros (esta última relevada por el pretencioso eufemismo de «*comando*», en general de etarras) van cayendo en el olvido. Hasta la humilde *ristra* de ajos desaparece, víctima de la substitución de la cocina por las latas de conservas.

¿Y el *puterío*? ¿Y la *farándula*? ¿Y la *soldadesca*? ¿Acaso no subsisten en carne doliente y hueso quebradizo? ¿Qué ha ocurrido con los mil nombres gregarios variopintos que daban color y precisión a nuestro idioma? Ya sus mismas desinencias indicativas de la condición de conjunto prestaban variedad eufónica a la lengua. Doña María Moliner las tiene catalogadas en su diccionario, como caracolas que encierran distintos ruidos del mar. Hasta diecinueve sufijos típicos de los nombres de conjunto recoge. Basten algunos ejemplos para recordar la sonoridad de que es capaz el español: *raigambre, velamen, mezcolanza, parentela, cornamenta*... Ahora ni los cuernos se salvan de la simplificación fonética y conceptual. La depauperación del repertorio se agrava al imponerse uno de los fetiches verbales más conspicuos de nuestros días: el *colectivo*.

Cual heraldo de la era colectivista que se nos propone, el substantivo *colectivo* aparece cada vez que se menciona a un grupo de individuos unidos por algún objetivo o circunstancia común, permanentes o transitorios. Un *colectivo* de prostitutas protestan, un *colectivo* de analfabetos escribe un manifiesto, un *colectivo* de agricultores franceses prende fuego a veinte camiones de lechugas españolas, etcétera. A veces se llega a hablar de «una *coordinadora* (otra palabra mágica) de *colectivos*». O se echa mano de otra de las temas de nuestro tiempo, que es emplear *serie* («se produjo una serie de explosiones simultáneas») olvidando que se trata de un conjunto de cosas o acontecimientos sucesivos y no sincrónicos.

Uno se pregunta a dónde habrá ido a parar la famosa imaginación del español. A fin de cuentas los ingleses conservan en uso su añeja lista de agrupaciones de animales y siguen diciendo, por ejemplo, *«a pride of lions»* (un *orgullo* –por manada– de leones), y los franceses no han desechado la vieja acepción de *teoría* (procesión, cortejo) y pueden decir *«une théorie de séminaristes»*. Si los españoles no quieren guardar vistosas antiguallas, ¿por qué no inventan otros términos igual de sugestivos? Con lo fácil que sería acuñar expresiones que evitasen el monótono –y algo inquietante, que huele a soviet– *colectivo*. Ahí va un puñado de sugerencias: una *piojera* de inspectores de Hacienda, una *pavada* de diplomáticos, una *sangría* de médicos, un *borrón* de escritores, un *monipodio* de políticos, un *sarpullido* de funcionarios, una *gárgara* de periodistas, un *miasma* de maestros, un *momio* de catedráticos, un *chuponcio* de abogados.

Será que el cursi ni inventa ni sabe conservar las invenciones de sus abuelos catetos. Ortega y Gasset no se resignaba a que España estuviese invertebrada por falta, entre otras cosas, de minorías selectas. Nosotros, modestos lingüistas, acatamos el cruel hado histórico –o biológico, o lo que sea– que nos priva desde hace casi dos siglos de tales minorías. Pero ¡quitarnos ahora hasta a los catetos...! Por usar uno de los pocos neologismos atinados de hoy, es *demasié*. Es triste pasar de ser una *reala* de catetos a ser un *colectivo* de cursis.

(27 julio 1985)

España no se convirtió oficialmente en un colectivo de cursis hasta un poco después, cuando fue admitido en el Diccionario de la Real Academia el término *colectivo*. Nos los explica así don Fernando Lázaro Carreter: «Del vocabulario marxista penetra en el caudal general *colectivo:* «Cualquier grupo unido por lazos profesionales, laborales, etcétera»; no sobraría haber añadido los lazos ideológicos y de intereses, cuando menos» («ABC», 7.2.87).

Por otro lado, don José Pedro Pérez-Llorca me dice que olvidé un bonito nombre de agrupación, de la era precolectivista: *cardumen* (banco de peces). No fue olvido, fue ignorancia. La reparo ahora con gusto pues aunque el nombre no es bonito –rima con cerumen y cacumen– sí es interesante y suena raro. Aunque Corominas afirma que dicho portuguesismo tan sólo consta hoy en América, mi paisano lo ha oído en la provincia de Cádiz.

Los eurorteras

Hasta hace poco, cuando un político tenía fuerte personalidad se decía de él que era un demagogo o un gran tribuno o un estadista admirado, según los casos o la intención del comentarista. Ahora se dice que tiene *carisma*. La palabra es inexacta, pues según el Diccionario no quiere decir sino un «don gratuito que concede Dios con abundancia a una criatura» y hay que estar ciego para creer que nuestros políticos han recibido especiales dones del Todopoderoso. Es, además, un vocablo pretencioso e inútil; si lo que queremos es confundir todos los matices que van desde un iluminado hipnotizador de masas hasta un hombre público que cae simpático, desde Savonarola hasta don Enrique Tierno, bastaría con decir que tiene *garra*.

Pero *garra* –voz harto reveladora– no es carismática y *carisma* sí lo es, por antonomasia. Y sucede que no sólo los hombres públicos han de tener carisma, sino todo vocablo que describa sus trepidantes actividades e idiosincrasias. De ahí que se desechen por manidas las palabras que todos entendían y se acuda a los neologismos que nuestro equipo de tanatólogos del lenguaje ha dado en llamar las temas o los fetiches verbales. Por ejemplo:

Onomástica.– Obsérvese esta joya del «*newspeak*», que diría Orwell: «Madrid, Presidencia del Gobierno, 19 de junio de 1985. De: Secretario de Estado para la Administración Pública. A: Todos los Subsecretarios. El real decreto 1358/76, de 11 de junio, sobre fiestas civiles, establece en su artículo primero que el 24 de junio de cada año, en que se celebra la onomástica de Su Majestad el Rey, tendrá la consideración de fiesta oficial a todos los efectos, con la sola excepción de los de carácter laboral. Consecuentemente con dicha exceptuación, en dicha fecha permanecerán abiertas y funcionando normalmente todas las oficinas públicas. Le ruego que traslade lo anterior a todas las unidades y servicios a su cargo. Salúdole. Ramos Fernández-Torrecilla». El telegrama no se entiende, pero tiene *carisma*. Hace ochenta años se habría redactado así: «Recuerde usía a todo el personal a sus órdenes que el 24 de junio, día de Su Majestad el Rey, es por ley fiesta oficial, pero se trabaja.»

Hasta 1931 la *Guía Oficial de España* señalaba el 23 de enero (San Ildefonso) como día de S. M. el Rey y el 17 de mayo como cumpleaños de S. M. el Rey. Se usaban, pues, sin empacho los términos populares. Más tarde se empezaron a emplear oficialmente *onomástica* y *aniversario* sólo refiriéndose a los personajes oficiales. ¿Por ir en contra de las viejas costumbres de la Iglesia y de la Monarquía? Más que nada por cursilería. Y por ignorancia, puesto que *onomástico* es en buena ley adjetivo (y viejo) que debería ir precedido del substantivo *día* o de *fiesta*. En todo caso, el hombre de la calle sigue hablando del *santo* o del *día* (esto último es lo habitual en Andalucía) de su madre o del *cumpleaños* de su niño.

Euro.- Es prefijo mágico. Practique la elegancia social del *eurocomunismo,* del *euroterrorismo* o incluso de una *eurocumbre,* intentando no imaginar la cara que hubiera puesto al oírlo el hombre más europeo que ha andado por estos eriales, europeo hasta en su número ordinal: Carlos V.

Mención aparte merecen las palabras que confieren *carisma* al que las usa y estigma al que las recibe. Veamos dos de estas obras maestras de los *eurorteras* o *eurohorteras*.

El *-ismo* descalificador.- Hasta ahora dicho sufijo sólo indicaba nombre abstracto de cualidad (egoísmo), de adhesión a doctrina o partido (calvinismo, liberalismo) o de actitud (pesimismo). Ahora empieza a usarse como nombre peyorativo. Así, los feos llaman *esteticismo* a la belleza, los analfabetos *culturalismo* a la cultura y los esquilmadores *desarrollismo* al desarrollo económico. Es la forma moderna de decir que las uvas están verdes.

Arrogante.- Se contaba que cuando a principios de siglo vino a Madrid cierto cardenal arzobispo de París con fama justificada de buen mozo con porte distinguido –además de santo varón– los periódicos titularon: «Llega el arrogante y bizarro purpurado francés.» El cardenal quiso marcharse en el acto, indignado por lo que creía ser una campaña de prensa contra él. Ignoraba que «*arrogant*» y «*bizarre*» (términos negativos en francés) no se traducen al castellano con meros cambios ortográficos. Son lo que los lingüistas llaman *falsos* amigos y los traductores evitan con cuidado: no es aconsejable traducir *constipado* por «*constipé*», que quiere decir estreñido. Por uno de esos fenómenos de común origen etimológico y ulterior diferenciación evolutiva, no es lo mismo «*arrogant*» en francés (implica una fuerte dosis de petulancia) o «*arrogant*» en inglés (alude al prepotente que se arroga facultades ilícitas) que *arrogante* en castellano. Este último término sugiere varias cualidades, que van desde la altanería hasta la valentía y la gallardía, pero en ningún caso es insultante, mal que les pese a algunos políticos y periodistas empeñados en el barbarismo de usar *arrogante* en su sentido híbrido anglofrancés. Los petulantes son los letrados que se toman libertades con el idioma en busca de carisma cosmopolita. O sea los *eurorteras*.

(10 agosto 1985)

Maputo y otros topónimos

«Las palabras extranjeras no están hechas para nuestras lenguas», cuentan que dijo un día Churchill malhumorado, mandando a renglón seguido que la BBC dijese *Angora* y no *Ankara,* grafía ésta declarada oficial por el Gobierno turco en 1930. La orden rebosaba sentido común pero no consiguió su propósito: la radio británica –como todos los medios de información del mundo incluido éste que están ustedes leyendo– aceptó la nueva forma de la nueva capital de la nueva república turca, sin duda para halagar el nacionalismo un tanto infantil de ésta, tan distinto del escéptico cosmopolitismo del viejo imperio otomano.

También se cuenta que el mismo Sir Winston, en otra rabieta durante la segunda guerra mundial al recibir una nota informativa con gazapos que inducían a error entre *Irán* e *Irak,* exigió que en adelante los papeles que llegaran a sus manos se refiriesen a dichos países como *Persia* y *Mesopotamia,* nombres derogados bastantes años atrás pero que, además de su superior poder de evocación histórica para los occidentales, tenían la indudable ventaja práctica de ser inconfundibles entre sí.

Dos son, pues, los problemas que ilustran las anécdotas relatadas. El primero surge cuando un Gobierno, en general por motivos ideológicos o de nacionalismo a ultranza, quiere imponer *urbi et orbi* un cambio de la grafía del nombre de su país o ciudades. El caso reciente más espectacular es el de China, que desde 1979 pretende que en toda lengua de alfabeto latino escribamos *Beijing* por *Pequín o Pekín, Guandong* por *Cantón,* y así sucesivamente. Ya en su día don Antonio Segura argumentó en el ABC y en otros periódicos contra la aceptación de una inexistente competencia de autoridades extranjeras sobre nuestra ortografía y nuestra lengua. ¿Por qué hemos de adoptar grafías exóticas e imposibles de recordar como *Kamputchea* teniendo desde siempre *Camboya* o *Cambodia*? ¿Acaso obligamos nosotros a los franceses a escribir *Zaragoza* en lugar de *Saragosse*? ¿Nos ha impuesto Italia renunciar a *Florencia* a favor de *Firenze*? El caso de los nombres chinos es por otro lado el más ilógico de todos, porque puestos a dejarnos llevar por el frenesí orientalista habría que escribir *Zhonghua* y no *China,* lo que ni el Gobierno pequinés se atreve a pedir.

Otra cosa es que empiece a proliferar en España una nueva especie de cursi, el cursi glosolálico, convencido de que el Espíritu Santo lo ha bendecido con el mismo don de lenguas o glosolalia que insufló a los apóstoles. Su forma de demostrarlo es decir que ha viajado a *New York* y a *München* (por *Munich*). Suele ser mentira que haya estado en esos lugares, y se distingue sobre todo porque pronuncia *Maiami* en vez de *Miami*. Tan ignora que aquello lo fundamos nosotros que comienza a pronunciar *Flórida*. En su variedad de secano el cursi glosolálico alaba la ruda nobleza del *euskera* (por *vascuence*) y el ímpetu democrático de la Xunta. Aún no se atreve a decir que va a *Deutschland* (*Alemania*) pero todo se andará. Desde luego está deseando requebrar a la gorda del perrito: «¡Qué mono es el *beijingués*!». Y en todo caso es de los que escriben *México*. Por cierto que cuando le dé por pronunciar la equis como equis –ya lo hacen algunos locutores de radio– tendrá la lógica de su lado y la culpa será de los periódicos.

El segundo problema apuntado es el del cambio radical del nombre geográfico. ¿Debemos los extranjeros aceptarlo o no? Nuestra opinión sosegada es que sí, por cortesía hacia tan innovadores Gobiernos. Y porque se ríe uno mucho observando los cambios. Por ejemplo el de Constantinopla, que pasó a llamarse Estambul con el nuevo régimen. Este, como todos, pensaba que su antecesor era decadente y poco afecto a las esencias patrias. Pero cuando decidió el cambio no cayó en que el nuevo nombre también tenía la odiada etimología griega. O lo que ocurrió cuando los bolcheviques, disgustados porque *Tsaritsyn* les recordaba a los zares, lo bautizaron *Stalingrado* en 1925. Después de la tremenda batalla que allí hubo durante la guerra mundial y la consiguiente aureola de gloria bélica en torno al nombre, hubo que transformarlo en *Volgogrado* por necesidades del guión político: había llegado la desestalinización. Esta no afectó sólo a dicha ciudad sino a miles de topónimos soviéticos, que a su vez habían desplazado treinta años antes a los nombres tradicionales del imperio ruso. Incontables ciudadanos pueden decir que nacieron en *San Petersburgo,* se educaron en *Petrogrado* y viven en *Leningrado* sin haberse mudado de domicilio. En total se calcula que la mitad de los 709.000 lugares habitados de la URSS ha cambiado de nombre al menos una vez desde la revolución. Más las anexiones, como *Königsberg,* hoy *Kaliningrado.* Como dijo un viejo socialista alemán, poco convencido por sus compañeros partidarios de aceptar la pérdida tras 1945 de gran parte de Prusia, «cuesta trabajo pensar en Kant como el *viejo profesor de Kaliningrado».*

Idéntico trajín ha habido en el tercer mundo. *Leopoldville, Santa Isabel, Salisbury* o *Lorenzo Marques* se han liberado del estigma cristiano o colonial al convertirse en *Kinshasa, Malabo, Harare* y *Maputo.*

España no puede ser menos. Ya es hora de que superemos arcaicos resabios clericales como *Sos del Rey Católico* o del imperialismo romano como *Zaragoza* (Céar Augusta). Hay que llamarlos *Sos del Rey Demócrata* y *Constitución.*

(17 agosto 1985)

Ansioso, sin duda, de aupar las justas causas del Tercer Mundo, don José Guillermo García-Valdecasas me hace llegar esta propuesta progresista:

«Sugiero que, en consonancia, hablemos de los *gatos de Ankara.* Y en las mercerías en vez de despachar *angorina* ofrezcan *ankarina,* que además les permitirá aumentar el precio. Pero, si fuéramos a eso, los niños no deberían encender luces de *Bengala,* sino luces de *Bangla Desh».*

Otrosí, el *International Herald Tribune* (28.4.86) nos revela una crisis internacional muy significativa. La *Costa de Marfil,* país de Africa Occidental, exige que todos la llamen *Côte d'Ivoire,* sin traducir su nombre francés a ningún otro idioma. Al parecer los marfileños se picaron porque en una conferencia internacional donde los nombres de los estados participantes figuraban en inglés, a *Ivory Coast* le tocó intervenir, por orden alfabético, más tarde de lo que ellos se esperaban. Nosotros deberíamos imitar tan original ejemplo: a fin de cuentas la E de *España* pasa antes que la S de *Spain*.

El intelectual y sus héroes

Uno de los pocos comentarios políticos inteligentes que hemos leído en España durante el último cuarto de siglo aparecía hace seis años escrito en una pared, en Pego, pueblo de la provincia de Alicante. El texto era lacónico, pero de una sutileza casi infinita. Estaba preñado de matices. En un mundo político como el nuestro, donde las afirmaciones –desde el pareado que se grazna en la manifestación o la frase que mancilla el muro, hasta el editorial del sesudo periódico– suelen ser reducibles a «viva Fulano» o «muera Mengano», donde reina el maniqueísmo, donde todo es blanco o negro, la pintada de Pego destacaba por su compleja riqueza semántica. No es que fuera gris, es que era tornasolada, tan amplia gama de ideas y sentimientos políticos abarcaba. La pintada de Pego decía *Franco, gordito*. Era, a todas luces, producto de una mente comparable en sutileza a la de Gracián o Maquiavelo. No es posible adivinar si el tono era irónico o tierno. ¿Sería su autor un anciano azañista culto y masoncete, deseoso de desmitificar –pero sin estridencias– al caudillo? ¿O una vieja solterona de pueblo, beata apacible, mas fiel a una antigua pasión secreta y platónica por aquel joven general de la guerra de Africa, luego viejo y achacoso como ella, y por tanto menos remoto, más entrañable, más gordito, más *suyo*? En todo caso el autor anónimo era un maestro de la lítote y un singular analista político. No es fácil poner a cavilar al lector con dos palabras lapidarias.

Contrasta tan sugerente concisión con la torpe verborrea política de las citas recogidas en un libro reciente sobre los viajes de intelectuales occidentales a la Unión Soviética, China, Cuba y Vietnam desde 1920 hasta nuestros días. Como no es probable que un libro tan duro con la *crema de la inteleztualidad* se publique en España traducido, damos aquí su referencia original: «Political Pilgrims», por Paul Hollander (Oxford University Press, 1981). Se trata de un estudio minucioso de cómo algunas de las luminarias de la cultura moderna, gente que se supone dotada del máximo espíritu crítico –¿no vivimos en plena época de racionalismo científico?–, renuncian a todo raciocinio y se lanzan a las loas más desmelenadas del déspota de turno en los países que visitan. El fondo de la cuestión no ofrece mayores sorpresas a los de antemano convencidos de que un *intelectual comprometido* moderno no es ni más ni menos objetivo y liberal que un monje medieval. Los prejuicios son otros, y eso es todo. G. B. Shaw, H. G. Wells, Sartre, Simone de Beauvoir o Chomsky no eran más lúcidos que los que describían las maravillas del Preste Juan. Es cierto que éstos no conocían sus dominios y que los otros, medio milenio después, sí habían visitado los de Stalin o los de Mao, por lo que tenían más obligación de ser realistas. Pero no hay que pedir cotufas en el golfo. Ya en cierta ocasión Sartre explicó a Koestler que la ciencia no le interesaba, con lo que al rechazar el método empírico excluía toda necesidad de cotejar las ideas con la realidad. Lo de estos intelectuales es pensamiento mágico, fe ciega, así que no es de extrañar que sus ditirambos sean coplas de ciego.

Pero sí asombra la forma, el lenguaje. A veces es de novela barata, otras de folletín de la televisión. No sorprende que adulen al tirano, sino que siendo escritores consagrados lo hagan tan mal. ¿Cómo pudo Norman Mailer escribir de Fidel Castro «Hay héroes en el mundo... es como si el espíritu de Hernán Cortés apareciese en nuestro siglo cabalgando el corcel blanco de Zapata»? Claro que Mailer no podía saber que años después Castro abominaría de Cortés y demás conquistadores, pero tampoco tenía necesidad de remedar a Salgari. Sartre dice que Fidel y los suyos «se han liberado casi de la rutina de dormir... comen y ayunan más que nadie... hacen retroceder los límites de lo posible». Es lenguaje muy apropiado para describir al Superhombre, pero no al de Nietzsche, sino al Superman del tebeo. Sin embargo lo supera la descripción que hace Abbie Hoffman de la entrada de Castro en La Habana, subido en un carro de combate, aclamado por las muchachas que le arrojan flores. «Se yergue. Es como un pene poderoso que se despierta y, cuando está alto y tieso, la muchedumbre de inmediato se transforma».

Stalin en cambio les inspiraba una sensiblería dulzona que estallaba en frases de novela rosa. «Sus ojos castaños son en extremo juiciosos y suaves. Un niño querría sentarse en sus rodillas y un perro querría acurrucarse contra él», escribía Joseph Davies, embajador –político, que no diplomático profesional– de los Estados Unidos. «Le confiaría gustoso la educación de mis hijos», confesaba Emil Ludwig. Harold Laski alabó el Gulag, y Shaw también, citando entre sus ventajas la de que los presos podían, al terminar su condena, pedir el reenganche.

Ni que decir tiene que Hitler y el nacional-socialismo suscitaron frases similares en otros distinguidos huéspedes intelectuales. A veces ni siquiera eran *otros,* sino los mismos panegiristas.

En fin, que los clásicos daban coba mejor. Con hipérboles bien tarifadas pero sin ñoñerías. Otro día les explicaremos, queridos lectores, cómo adular al Poder con maña. Y no echen todo esto en saco roto, que algún día les puede ser útil. El lenguaje, bien manejado, da para mucho.

(24 agosto 1985)

El único caso antiguo de coba de un escritor al poder comparable en torpeza y turpitud a los modernos es éste:

«Por lo que a mí toca, quisiera en esta ocasión poder desahogar los borbotones de mi júbilo, dando a V.E. aunque no fueran sino doce o quince estrujones, llamados abrazos en el calepino del amor, salpicados de seis u ocho besos bien rechupados y que dejasen estampado en sus mejillas el sello de mi ternura y alborozo...»

Así de baboso felicitaba Juan Pablo Forner a Godoy por su nombramiento de Primer Secretario de Estado (cf. *Cuenta y Razón,* Agosto-Septiembre 1987, pág. 13).

El ruiseñor cristiano y otros pájaros cantores

Resulta difícil imaginar, por ejemplo, a un arquitecto exclamando airado: *¡Mi musa es insobornable!* En cambio sí estamos acostumbrados a oír estas u otras palabras similares en boca de escritores. Conviene, no obstante, pararse a pensar que no siempre fue así. Hasta el siglo XIX un autor literario encontraba tan natural que le encargasen una loa como un arquitecto que le encomendasen una edificación. A sueldo, claro está. Los escritores que hoy llamamos clásicos no rehuían el mecenazgo, lo buscaban. No sólo no se avergonzaban de su dependencia, sino que se enorgullecían del poderío o la opulencia de sus valedores. No había deshonra en cantar las alabanzas de alguien por dinero y apoyos, como sigue sin haberla hoy en cobrar por trabajar como abogado, arquitecto o médico de uno o varios clientes.

El cambio de actitud de los escritores obedece a dos causas. Primero la concentración del mecenazgo en unas pocas manos, no por anónimas menos poderosas: el Estado, los partidos políticos, la Prensa, las editoriales. Segundo la secularización de la sociedad occidental, con el consiguiente debilitamiento del magisterio de la Iglesia. Ante la nueva situación social los escritores reaccionan poniéndose al servicio de los nuevos poderes –mucho más ideológicos y menos personales que los anteriores– y a la vez ocupando el hueco que iba dejando el clero. A principios del siglo XX la transformación estaba ya consumada. Los escritores –que pasaron a llamarse *intelectuales*– habían asumido las funciones magistrales, moralizantes, censoras y proféticas del clero. Se habían arrogado el papel de *conciencia pública*. Habían subido de categoría social, pero no económica. Seguían necesitando mecenas, y éstos sólo podían ser los nuevos poderes anónimos antes citados. Pero ocurre que un *sacerdote* –aunque sea laico y agnóstico– que es a la vez *mantenedor de los juegos florales* del Poder puede chocar. Había, pues, que cambiar de lenguaje. Era menester declararse en todo momento insobornable, aunque se cantasen las loas de tal o cual capillita. El fenómeno era a veces inconsciente y otras cínico. Pero siempre lo hacía más llevadero el que ya no se trataba de ensalzar al conde de Lemos, a don Juan de Austria o al cardenal Richelieu, sino abstracciones como la democracia, el nacionalsocialismo, el comunismo, la libre empresa o el cubismo. El lenguaje era otro. Se perdió el fino arte de la coba *ad hominem*.

Por eso son tan torpes los autores modernos cuando las circunstancias los obligan a volver al viejo género literario de la loa personal. Ya hemos visto que hasta Sartre se ponía a escribir como el tebeo cuando tenía que ensalzar a Castro, y que a otro grave escritor norteamericano sólo se le ocurría compararlo con un falo para encomiarlo. Góngora lo hacía mucho mejor. Obsérvese el marmóreo decoro de su soneto al Marqués de Ayamonte, que empieza: *Clarísimo Marqués, dos veces claro / por vuestra sangre y vuestro entendimiento.* O aquel otro en que mata dos pájaros de un tiro, puesto que se dirige al Conde de Villamediana –que era Correo Mayor del Rey– con un *¡Oh Mercurio del Júpiter de España!* Seguro que a un vate progre sólo se le hubiera ocurrido una sosería para halagar a la vez a don Felipe González y al director general de Correos y Telecomunicaciones. Pues ¿y el donaire de llamar al Conde de Lemos, con sus cuarenta años, *Florido en años, en prudencia cano*?

Está claro que hoy nadie sabría halagar con finura literaria. Y no por recato, que basta con abrir un periódico para leer alabanzas desmesuradas, proferidas con descaro ejemplar. Pero les falta gracejo. La prueba es que cuando en 1928 cierto gran poeta escribió un largo *Poema al Ilmo. Sr. Vizconde de Amocadén,* muy inspirado en ejemplos del Siglo de Oro, parió un engendro. Empieza: *¡Párate, gran Vizconde! Ten el freno / áureo de tu caballo jerezano / y al pie del Guadalete, ya sereno / presta tu oído a un ruiseñor cristiano.* Y termina: *Pensativo, el Vizconde, a la carrera, /*

se perdió hacia Jerez de la Frontera. No, no es de *La venganza de don Mendo.* Está escrito por Rafael Alberti, el ruiseñor cristiano. Según nuestras noticias, el homenajeado quiso regalarle un caballo, pero el ruiseñor cristiano contestó que no tenía cuadras y aceptó en cambio cinco mil pesetas. De las de entonces.

Como en tantas otras cuestiones relacionadas con el lenguaje, la dificultad estriba en la desaparición de ciertas convenciones. Las antiguas reglas formales del panegírico le daban una paradójica naturalidad. Era legítimo como el obligado piropo del huésped a la niña de la casa. Cuando hace veinte siglos el cáustico Marcial –que aunque natural de Calatayud no era ningún maño rudo y sincero– escribía en un epigrama a uno de los Emperadores más desalmados de la Historia, Domiciano, *el pudor que antes de tu venida no existía ni en la alcoba conyugal ha comenzado a entrar hasta en los mismos prostíbulos,* ni engañaba ni pretendía engañar a nadie. Todos, empezando por el César, sabían a qué atenerse. Aquello era una declaración política, ni más ni menos que el editorial de un periódico moderno apoyando al Poder. La única diferencia está en que seguía otros cánones literarios. Y el problema de los turiferarios de hoy cuando quieren volver al estilo más directo y personal de antaño es que ignoran las viejas formas, y la loa resulta torpe. Esto y que tanto han hablado de su musa insobornable que les falta soltura en la adulación. La vieja loa de encargo no pretendía ser sincera: la de ahora sí, y por eso mismo es hipócrita.

(31 agosto 1985)

Asombrar y sorprender

Cuentan que la mujer de Littré encontró un día a su marido magreando a la cocinera. *Monsieur, me sorprende usted* (vous me surprenez), exclamó indignada. *No señora, es usted quien me sorprende a mí en esta situación embarazosa. Yo a usted la asombro* (je vous étonne), replicó el autor del gran diccionario francés, siempre purista, ya que no siempre puro. La misma anécdota suele relatarse en inglés tomando como personajes a Mr. y Mrs. Webster («You surprise me, Sir». «No, Madam, I astonish you»). Dejamos a la imaginación lasciva de nuestros lectores la responsabilidad de atribuir calumniosamente a algún lexicólogo español contemporáneo y a su digna esposa el chascarrillo, traducido al castellano. Nuestro prudente propósito de achacárselo al insigne Covarrubias, muerto hace siglos, tropieza con su condición de canónigo de la catedral de Cuenca y con la ausencia de las voces *sorprender* y *asombrar* del «Tesoro de la Lengua Castellana o Española».

Viene esto a cuento de un texto de Antonio Machado, que acabamos de encontrar en nuestra búsqueda incansable de escritos políticos de literatos para estudiar su lenguaje, a veces peregrino cuando se lanzan al elogio o a la diatriba. Ante todo hemos de confesar que los artículos publicados por Antonio Machado durante la guerra civil nos han producido una admiración inesperada. No por ponderados –que no lo son nunca– sino por su limpio estilo literario, llano y pulido a la vez. A nosotros siempre nos había parecido Antonio Machado un poeta algo cursi, una especie de Campoamor de izquierdas. Competente pero feble, sin la imaginación relampagueante de García Lorca, sin la brillantez ocasional de Alberti, sin el patetismo de Miguel Hernández, sin la magia verbal de Eugenio d'Ors, sin el vigor de Rosales. Pero resulta que esos mismos defectos de su poesía, ese tono *prosaico,* lo convierten, claro está, en un excelente prosista y un sólido luchador en lo que él llamaba «*retórica peleona* o arte de descalabrar al prójimo con palabras». Escribe muchas simplezas como «cuando triunfe Moscú, no lo dudéis, habrá triunfado el Cristo» (el Deán anglicano de Cantórbery, Hewlett Johnson, dijo lo mismo con la doble agravante de ser clérigo y de haber estado en Moscú y podido ver la realidad) y se enternece don Antonio con Stalin y su «virtud suasoria», su «claridad de ideas», su «tranquila seguridad». «La lógica sigue siempre del lado de Stalin.» Todo lo más parece reprocharle una cierta tibieza política: «Stalin no es un fanático de la Revolución, pero carece del prejuicio antirrevolucionario.» Esto último debía de ser un consuelo para sus lectores enfervorizados del momento. Pero el caso es que todas estas insensateces –que llamaríamos *machadas* de no ser por miedo al retruécano– las hilvana con soltura y elegancia. Tiene un sentido instintivo del ritmo propio de la prosa castellana. Alterna párrafos largos con frases concisas. Nunca es pedante; tampoco vulgar. Siempre es un placer leer a este peculiar apologista de la dictadura del proletariado («¿por qué nos asustan tanto las palabras?» pregunta, angélico).

Pues bien, con tan correcta sencillez escribe Antonio Machado estas prosas de circunstancias o de encargo que no es de extrañar que evite los escabrosos errores de Mme. Littré o Mrs. Webster entre *asombrar* y *sorprender*. Comentando en 1937 el sexto aniversario de la proclamación de la República, y tras referirse a la salida de España de Alfonso XIII, escribe sobre el 14 de abril de 1931: «Un día de paz, *que asombró al mundo entero*. Alguien, sin embargo, echó de menos el crimen profético de un loco, que hubiera eliminado a un traidor. Pero nada hay, amigos, que sea perfecto en este mundo.» No entremos en el pesar del autor por la omisión del regicidio; sin duda es una mera licencia poética, como su invocación a Lister («Si mi pluma valiera tu pistola de capitán, contento moriría»). Pero admiremos su talento de precursor al inventar la imagen, luego tan manida, de España como asombro del mundo. Con ella, a fin de cuentas, entronca la frase publicitaria del turismo en la época de

Franco: *España es diferente.* Y no es sino plagio de Machado la frase de los tiempos de UCD: *España asombrará al mundo.* ¿O vendría la idea de más atrás? Bien pensado, puede que sea trasunto del *«España, luz de Trento...».* De asombrar a alumbrar o deslumbrar no hay más que un paso, que a los españoles nos gusta dar, convirtiéndonos si se tercia en «martillo de herejes».

Lo malo es que a veces el mundo nos *sorprende* en algo torvo cuando creemos estar *asombrándolo* con grandiosas machadas. Que nos pilla en flagrantes martillazos a herejes, revoluciones, magnicidios o... simples estupros en la cocina.

(14 septiembre 1985)

¡Lo que es la vanidad humana! Yo andaba tan ufano con haber inventado lo de «Antonio Machado, un poeta algo cursi, una especie de Campoamor de izquierdas». Mas he aquí que dos meses después de mi veredicto don Antonio Burgos (en el *ABC,* 18-11-85) hablaba de «el Machado mostrenco de Campoamor pasado por la Institución Libre de Enseñanza». La frase inquietó algo mi instinto de la propiedad, aunque mi engreimiento quedó incólume e incluso creció («la imitación es la forma más sincera del halago», etc.) El golpe vino cuando en un libro muy anterior a estos pronunciamientos nuestros leí: «Sí, un Antonio Machado más filosófico que metafísico, muy siglo XIX; sentencioso en aforismos rimados de un Sem Tob hecho Campoamor» (Juan Ramón Jiménez, «Guerra en España»). Hube de resignarme: cuando a uno se le ocurre algo ingenioso es probable que ya antes se le haya ocurrido a otro, y es seguro que se le ocurrirá a un tercero.

Mi único consuelo es comprobar que se abre camino el emparejamiento entre Campoamor y Machado; mi única duda es si será de verdad tan malo Campoamor. Confieso haber leído poco de él.

Los falsos amigos

Cuando un restorán traduce, como es frecuente, *la tarta de la casa* palabra por palabra y al pie de la letra al inglés quizá aumenta la clientela, porque está ofreciendo en la carta, por un módico precio, *la furcia de la casa (the tart of the house).* Pero acabará teniendo problemas y reclamaciones, como siempre que se acude a lo que los lingüistas llaman *falsos amigos.* Ya en alguna ocasión hemos advertido de este riesgo a nuestros discretos lectores, mas a la vista del abyecto nivel de las traducciones de hoy quizá convenga insistir en este asunto. Cuando se ve por doquier el *compass* inglés (brújula) traducido por *compás, notorious* (escandaloso) por *notorio* o *sensible* (sensato) por *sensible,* algo huele a podrido en la República de las Letras, y es de temer que pronto nos traducirán el *burro* italiano (mantequilla) por un fino *asno.*

Es probable que el origen de estos dislates sea que el español medio de hoy está convencido de que posee el don de lenguas. Además los pocos que se saben monóglotas se avergüenzan de confesarlo, se sienten inseguros. No siempre fue así; el padre de un eminente políglota de hoy solía comentar –acaso harto del guirigay a su alrededor– que el saber idiomas extranjeros estaba muy bien para los criados de hoteles. El primero que se creyó que la glosolalia era un don común fue Unamuno. Tradujo las famosas palabras últimas de Hamlet, «*the rest is silence*» («el resto es silencio»), por «*el descanso es silencio*», con gran regocijo de Madariaga, el único escritor español de veras trilingüe (aunque de él dijera Ortega que era tonto en varios idiomas, pero eso es otra historia y por lo demás injusta).

El caso es que la gente de antes daba por supuesto lo que el sentido común sigue mostrándonos: tenemos una lengua propia y existen otras que nos son ajenas y que por eso mismo llamamos extranjeras o extrañas. Lenguas difíciles de aprender y de rango diverso, como señalaba Damasio de

Frías, un vallisoletano del siglo XVI que las dividía en *lenguas peregrinas* (francés, italiano y alemán) y *lenguas bárbaras* (todas las demás, salvo las clásicas y bíblicas).

Hoy no. Hoy cualquiera –y más si es *formador de opinión,* o sea, periodista o político– se cree un cosmopolita nato. Hace poco, cierto diario, en un arranque de internacionalismo mezclado con igualitarismo cristianodemócrata, se lamentaba de que el protocolo español siguiese prescribiendo el frac, aseguraba que dicha prenda estaba abandonada en todo el mundo salvo en Alemania (lo cual es falso como puede verse en cualquier periódico ilustrado), y apoyaba su clamor democrático en el hecho de que hasta en «Buckingham Palace el único requisito en la etiqueta es la *white tie* (la pajarita blanca)» (*Ya,* 4 de agosto de 1985). Claro, como que frac en inglés se dice *white tie.* En tiempos pasados y más modestos el periodista hubiera mirado un diccionario. Ahora no. Cree tener ciencia infusa.

Tal presunción empuja a los más exquisitos resbalones lingüísticos, deleite de cuantos han visto la piel de plátano (por cierto que *les filles se promenaient à l'ombre des platanes = las hijas paseaban al hombre del plátano* es clásico muy afamado, imputable a determinado opositor a diplomático), y no es de extrañar, pues, que uno de los terrenos más resbaladizos sea este de los falsos amigos. Por ejemplo, es casi imposible entender la radio si no sabe uno al menos inglés y francés para imaginar lo que quieren decir con sus cómicas versiones de los despachos de agencias extranjeras. *Antena 3* hablaba el 17 de agosto pasado del *gran largo,* y no se refería a jugador alguno de baloncesto sino a la alta mar (*le grand large* en francés). *Radio Nacional de España* mencionaba el 24 de agosto un *sitio* reforzado (por *site,* que quiere decir emplazamiento), base de lanzamiento de cohetes. Y cierta revista con estampas, de esas para analfabetos de todas las clases sociales, ensalzaba un programa satírico de la televisión inglesa llamado *Spitting image,* que traducía por *Escupiendo imagen* (si hubieran consultado el diccionario habrían escrito *Retrato clavado,* conservando el doble sentido irónico del original).

Y no se crea que los *falsos amigos* sólo engañan a los semialfabetizados. Un jurista de fuste divulgó en España el principio del Derecho Administrativo francés *point d'intérêt, point d'action* (*sin interés no hay acción legal*) con la fórmula castellana de *punto de interés, punto de acción,* y se quedó tan fresco. Otro sedicente perito en lenguas tradujo *La Morsa* (la prensa o el cepo en italiano), de Pirandello, por *La Morsa,* y para que no cupiesen dudas pintaron al susodicho animal (al primo de la foca, no al traductor) en la portada.

En fin, Dios es irónico y ha agravado el castigo de Babel añadiendo a la confusión de lenguas el espejismo de los falsos amigos, para humillación de presuntuosos y cautela de prudentes.

(21 septiembre 1985)

─────────

Con una rapidez vertiginosa (al día siguiente, 22 de septiembre de 1985, en el *ABC*) y muy de agradecer, don Lorenzo López Sancho completó así mi anterior florilegio de insensateces:

Tamarón, que no sé quien es, pero que es muy agudo, recuerda a aquel opositor que traducía «à l'ombre des platanes» por «el hombre del plátano». En mis tiempos, que me imagino poco lejanos a los suyos, traducíamos «pas encore» como «pasa un cura», pero era en cachondeo. Hace no mucho descubrí en la banda sonora del filme «Gritos y susurros» que un traductor profesional traducía «Twelfth night», como «duodécima noche» sin sospechar siquiera que Shakespeare titulaba así, «Noche de reyes», «or what you will», una de sus obras más bellas.

El insomnio hace dar vueltas y vueltas en el «torrado» a estas pequeñeces. Después de todo, admirado Tamarón, piensa uno, equivocar traducciones puede constituir todo un juego poético. «L'enfant est perdu», traducido por un compañero mío de bachillerato como «el elefante y la perdiz», ganaba peso y vuelo. No recuerdo ahora cuál de los románticos franceses ¿Mallarmé quizá?, gustaba de mirar en el diccionario palabras nuevas, tapando las definiciones e inventar otras.

Hace unas semanas hablaba yo aquí del gusto francés por las «contrepèteries»: No es lo mismo, decía Rabelais, «femme folle à la messe» que «femme molle à la fesse». ¿Cómo se dirá en español «contrepèterie»?

A propósito de *contrepèterie* (literalmente *contrapedorreta,* literariamente «lapsus burlesco de contraposición de letras») le contesté:

«No quiero saber cómo traducirá el diccionario "contrepèterie", prefiero pensar en "retruécano" (no es lo mismo ni mucho menos, pero conserva "el ruido y la furia", ya que de música no se debe hablar).»

Deliberando groserías

Un muchacho portorriqueño se encuentra con otro en Nueva York, acarreando paquetes. «¡Cuánto tiempo sin vernos! ¿Qué es de tu vida?», le pregunta. «Pues ya ves, *deliberando groserías*». Y no es que le chico perteneciese al consejo de redacción de alguna revista ilustrada y tuviera que debatir qué zafiedades convenía ofrecer al público; el chico lo único que hacía era repartir comestibles de una tienda de ultramarinos. Pero eso en inglés se dice *delivering groceries,* y la tentación del *falso amigo* lingüístico fue irresistible a la hora de traducir su honrada tarea.

La anécdota es conocida y, como todo lo popular, debe de ser apócrifa. Basta, sin embargo, con enchufar la televisión media hora al año –como hacemos nosotros en abnegado sacrificio por nuestros lectores– para oír varios disparates comparables. A veces traducen guiados por *falsos amigos* y llaman, por ejemplo, *hierbas salvajes* al benéfico poleo o a la humilde yerbaluisa, como si de feroces plantas carnívoras se tratase (no saben que el adjetivo francés *sauvage* significa en muchas ocasiones *silvestre* y no *salvaje,* como ocurre con el *wild* inglés). Otras veces usan vocablos que no tienen nada que ver con el original extranjero. Y, por último, ocurre en ocasiones que una palabra no les suena, y la dejan en la lengua original, como observamos hace poco en aquella serie tontiloca llamada «V», donde un bueno le dice a un malo, «eh, tú, Rascal» *(rascal* es palabra inglesa tan común como lo que designa, *pillo* o *sinvergüenza,* pero el supuesto traductor la desconocería cuando la tomó por un nombre propio).

El cine, aunque con más pretensiones intelectuales, es tan ignaro como la televisión. El feo título de película *Mujer entre perro y lobo* es burda traducción literal de un bello juego de palabras francés, *Femme entre chien et loup,* que hacía referencia con ambigüedad deliberada al crepúsculo de la tarde (también en castellano existe el término *entrelu-*

bricán o *lubricán,* y con el mismo origen que la expresión francesa, la incierta luz vespertina en que se confunde al lobo con el can, *lupus* y *canis,* disfrutando además de una connotación adicional –fonética y acaso etimológica por cruce– que haría el título mas taquillero: lo *lúbrico).* En cuanto al *Yo te saludo, María* (por *Je vous salue, Marie,* es decir, *Avemaría* o *Dios te salve, María),* sólo la hipocresía podría justificar tamaña torpeza, si lo que se buscaba era no provocar demasiado escándalo.

Otro fenómeno interesante es el de la ubicuidad, en el mundo de la erudición, de un sabio germano llamado Undsoweiter. Aparece citado como autoridad en libros de cristalografía, teología, sociología y de muchas otras disciplinas. ¿Será un polígrafo desmadrado, un Leibniz redivivo, el único *hombre universal* del siglo XX? No, pronto descubre uno con pena que *etcétera* en alemán se dice *und so weiter,* y que lo ocurrido es que más de un futuro tratadista español, al escribir apuntes en las lejanas aulas germánicas, tomaba el etcétera, broche final de la retahíla de autores, por nombre de un estudioso más, que luego citaría muy ufano. Tres cuartos de lo mismo pasa con *Guardasigilli,* docto jurista italiano según ciertas fuentes españolas, y según el diccionario el ministro de Justicia *(guardián de los Sellos).* O con el notable jurisperito alemán *Derselbe (el mismo)* mencionado en su memoria de cátedra por alguien que llegaría a ser luminaria de la Universidad de Sevilla.

No se le ocultará al perspicaz lector que cuantas más lenguas sepa uno menos traducciones leerá. En primer lugar porque las necesitará menos, y en segundo porque desconfiará más. Llegados a este punto hemos de confesar que nosotros rara vez las leemos. Y aunque tememos que los que sí las leen no puedan percatarse de los desatinos, agradeceríamos al respetable que nos mandase ejemplos regocijantes (a ser posible con fotocopia de la página y referencia bibliográfica de la obra). Al remitente del gazapo más sabroso le daremos de premio un diploma bilingüe en bable y chino. En serio.

(12 octubre 1985)

No era broma lo del premio, era una firme promesa cuyo cumplimiento me obligó a abusar de la ciencia y la paciencia del Cronista Oficial de Llanes y del Embajador de España en Pequín. Gracias a ambos –don José Ignacio Gracia Noriega y don Mariano Ucelay– pude disponer del diploma bilingüe en bable y en chino, y entregar a don Valentín García Yebra el Premio Ojo Avizor *(Güeyu espabilau* en bable) «por su atención vigilante a las traducciones espurias y en general por su meritorio despioje del idioma» («meritoriu escarpir de la fala»).

Mereció accésit don Juan Domínguez Hocking, que el 16 de octubre de 1985 me escribía:

«Hace poco se estrenó en Madrid una película que en versión original se titulaba *Dressed to kill*. Ni cortos ni perezosos lo tradujeron por *Vestida para matar,* ignorando que se trataba de un juego de palabras, pues *Dressed to kill* significa *ir vestido con mucha elegancia*».

El triunfo de Calibán

El azar –o la misericordia divina– ha hecho que cuando empezaba a agobiarnos el estudio de la estupidez y de la ignorancia humanas cayeran en nuestras manos dos libros inteligentes: el discurso de ingreso en la Real Academia de don Valentín García Yebra y *After Babel,* de George Steiner. Acaso habríamos ido demasiado lejos en nuestra curiosidad –¿masoquista?– por el lenguaje pobre y mendaz de la política y del periodismo. Quizá tenía ribetes morbosos nuestra caza de la presuntuosa traducción errónea. O no; puede que esa catarsis sea necesaria. De cualquier manera, cansa a la larga vivir rodeado de idiotismos y de idioteces, de falsos amigos y de amigos falsos, de traidores y de traductores, con solo el sarcasmo por defensa. No es bueno reducir las emociones a la ironía. A veces hay que volver los ojos a la belleza y admirarla.

Pues bien, a eso nos incitan García Yebra y Steiner, cada cual a su manera, a propósito de las traducciones. Ambos son políglotas –de los de verdad, no de los que pululan en TVE– y conocen a fondo tanto la cultura clásica como la moderna. Dicho de otra manera, son fósiles vivientes. Pertenecen a la noble tribu –hostigada, diezmada y ya casi extinta– de los humanistas capaces de leer a Horacio en latín y a Proust en francés, y además disfrutarlo. Eso, no nos engañemos, está desapareciendo. Cierto sistema común de referencias culturales, en vigor durante muchos siglos, ha sido eliminado de los planes educativos y ya empiezan a surgir generaciones de jóvenes bárbaros, afables y bien nutridos, limpitos de cuerpo y de mirada, lobotomizados por un bachillerato analfabético, a quienes nada dicen el misterio del Gólgota o los de Delfos, la belleza de Helena o la de María Magdalena. J. J. Rousseau *(il a été laquais et cela se voit,* decía de él Voltaire) ha triunfado. Cuando el *buen salvaje* entra en el Museo del Prado y ve a un imponente barbudo con cuernos de luz y unas lápidas en la mano, o a tres mujeres en cueros ante un joven que ofrece una manzana, sonríe con la mirada beatífica del mulo y sigue su camino. No sabe, no puede saber, *de qué va.*

García Yebra sí sabe de qué va. Su reciente discurso, *Traducción y enriquecimiento de la lengua del traductor,* síntesis de una vida de trabajo y de disfrute intelectual, es a primera vista un resumen de la historia de la traducción y del catálogo de las influencias mutuas entre las lenguas. En el fondo es mucho más, es un retrato del entramado que une a unas culturas con otras tras siglos de fértiles cruces. Es el árbol genealógico de la cultura humana. No busca limpiezas de sangre; cuando encuentra un abuelo pirata o cuatrero lo reseña complacido. La raigambre latina de nuestra lengua no ningunea al vocablo moruno o caribeño. Todos concurren a crear un idioma viejo, rico y sutil, en perpetua transformación. García Yebra no es inmovilista ni menos retrógrado. Acepta sin miedo la evolución lingüística. Pero toda su exposición rezuma una pregunta no formulada: *¿y ahora, qué?* ¿Continuará la evolución enriquecedora o hemos entrado en la evolución empobrecedora, es decir, la degeneración lingüística, camino del «español basico» de mil palabras, casi todas ambiguas e imprecisas?

G. Steiner, más pesimista, aborda el problema y no ve solución. En realidad no necesitaba mencionarlo; también en su obra –más filosófica que la antes citada– hay implícito un retrato casi póstumo de nuestra civilización. Un detalle hacia el final de *After Babel* nos parece revelador. Cuando decide citar dos ejemplos supremos de traducción perfecta, el autor –judío y liberal, no se olvide– acude a un reaccionario católico y a un jesuita del siglo pasado . El primero es G. K. Chesterton, autor de una versión inglesa exacta y a la vez conmovedora del famoso soneto «*Heureux qui, comme Ulysse...*», de Joachim du Bellay. El segundo es G. M. Hopkins, cuya poesía religiosa, tan rica y compleja que a veces anonada, ha sido objeto de una traducción al francés por Pierre Leyris rayana en el prodigio. Al leer *Pied Beauty (Beauté Piolée)* en versión bilingüe fuerza es preguntarse quién será capaz de hacer algo comparable dentro de cincuenta años. ¿Cómo traducir Calderón al español básico? Será un empeño vano, tanto como esperar generosidad ecléctica en un crítico literario.

Y es que la guerra contra Calibán la hemos perdido, aunque por fortuna no nos hayamos enterado. Sólo cabe seguir amando la causa perdida y, en los raros momentos de triste lucidez, consolarnos con el famoso epitafio de A. E. Housman: *«What God abandoned, these defended»*. No, no es difícil de traducir. Hasta nuestros nietos mostrencos podrán decirlo en español básico: *«Lo que Dios había abandonado, éstos defendieron»*.

(19 octubre 1985)

Karacho y otras exportaciones españolas

¿A que no saben ustedes qué es una *camisada*? ¿No? Pues no se preocupen, que la Real Academia tampoco lo sabe, o por lo menos no incluye dicho vocablo en su Diccionario. Ni siquiera aparece en el *Tesoro de la Lengua Castellana o Española,* de Covarrubias, el más simpático de los Consultores del Santo Oficio de la Inquisición y el más ameno de los lexicógrafos. Covarrubias discurre, muy docto, sobre la voz *camisa,* y dice cosas como *«Saltar en camisa, quando la prisa no da lugar a vestirse, como les acontece a los que tratan con mugeres casadas y sobreviene de repente el marido. Estar la muger con su camisa, estar con su regla o menstruo, porque no la ha de mudar hasta que de todo se le aya acabado la purgación; y las que por muy limpias lo han hecho, les ha costado claro y a muchas la vida».* Pero de *camisada,* nada.

Nosotros mismos tampoco conocíamos la palabra hasta hace una hora, en que hojeando el *Oxford English Dictionary* en busca de otro término nos topamos con *camisado* (otras veces escrito *camisade,* y aun *cammassado*), substantivo inglés arcaico definido como ataque nocturno en el que los asaltantes llevaban una camisa por encima de la armadura para reconocerse entre ellos. Su uso en lengua inglesa aparece documentado por primera vez en 1548. Y viene, según el citado diccionario, de la palabra española *camisada.* Tras la búsqueda infructuosa arriba relatada, espíritus menos concienzudos que el nuestro habrían llegado a dos conclusiones. Primera, que los filólogos británicos eran unos estafadores. Segunda, que si no lo eran porque *camisada* subsistía arrumbada en algún limbo lingüístico, entonces la etimología confirmaba el viejo lugar común de que España sólo ha exportado a lenguas extranjeras vocablos bélicos o políticos, siempre algo truculentos. Ambas conclusiones habrían sido falsas. Al cabo de un rato más de investigación –y ya escrito el primer párrafo de este artículo– encontramos la dichosa voz castellana, madre de la inglesa. Viene en todos los diccionarios y con la misma acepción que en inglés, pero bajo la forma de *encamisada,* que Covarrubias define como «*el santiago que se da en los enemigos de noche, cogiéndolos de rebato; y porque se conozcan los que van a dar el assalto y se distingan de los enemigos llevan encima de las armas unas camisas*». Así es que dejamos sin corregir el comienzo de este ensayo, como advertencia contra la ligereza, propia y de extraños.

La otra ligereza, muy común, es el sofisma según el cual las lenguas modernas sólo han tomado del español términos con resonancias políticas o guerreras negativas. Es cierto que en inglés se usa desde 1610 *desperado* (por aventurero desesperado) y en francés desde el siglo XVI *désespérade* (por acción desesperada) y que ambos son préstamos del castellano. Que en inglés se empezó en 1641 a decir *junto* (por camarilla) y en francés *junte* (por consejo o asamblea, sin matiz peyorativo) desde fines del siglo XVI. Que el hispanismo *pronunciamiento* se emplea en Francia desde 1838 y en la Gran Bretaña desde 1843. Que todo el mundo tradujo, adoptó y sigue usando desde hace casi medio siglo la expresión *quinta columna,* acuñada durante nuestra última guerra civil cuando el general Mola afirmó que además de cuatro columnas de fuerzas militares que convergían para tomar Madrid existía en el interior de la capital una quinta columna de simpatizantes. Esa expresión y el *no pasarán* fueron muy apreciados en el extranjero, donde, sin embargo, a nadie se le ocurrió la réplica evidente a la última expresión citada: *Pues ya hemos pasado,* que puso de moda Celia Gámez en una copla hacia 1940. También es verdad que el principal legado lingüístico de nuestra guerra de la Independencia es la voz *guerrilla*, aceptada en todos los idiomas para designar un tipo de guerra cada día más frecuente y más atroz. Todo eso es cierto, pero sin mayor importancia. En una reducción *ad absurdum* podríamos estremecernos de masoquismo pensando que fuimos los españoles quienes trajimos a las lenguas europeas desde el Caribe la palabra *caníbal*.

Pero, claro está, son cientos los términos españoles de muy diversa laya que hoy circulan en docenas de lenguas extranjeras, y los hay torvos y afables, sórdidos y bucólicos, villanos y nobles. No vamos aquí a hacer una apología de nuestras exportaciones léxicas, pero sí a señalar una jovial, aunque poco conocida. Es como para enorgullecernos del genio impetuoso y fértil del castellano. En algo parecido estaría pensando Ortega y Gasset cuando dijo que el pensador debía acercarse a las ideas «con viril afán taladrador». Así parece que se ha acercado el castellano, incontinenti, a Europa. Porque ¿a que tampoco saben ustedes cómo se dice en alemán ir con velocidad, hacer algo con ímpetu? Pues se dice con *Karacho*. Es expresión nada zafia. Y comprenderán ustedes que viene del español si les recordamos que en alemán la che se pronuncia como la jota española.

(26 octubre 1985)

La perversión del lenguaje

El mayor placer intelectual –inconfesable como todos los placeres– es encontrar a alguien con quien compartir manías. Nada une tanto como reírse juntos de algunas cosas y enfurecerse con otras. Como la risa y el bufido ante lo que no tiene remedio son exabruptos propios de maniáticos, deduzco que don Amando de Miguel, a quien no tengo el gusto de conocer, está tan chiflado como yo. Su libro, *La perversión del lenguaje,* es en palabras del autor «un ensayo satírico, escrito desde la A a la Z, entre el amor y la zozobra que me produce asistir a la dilapidación del capital más valioso del que dispongo: la lengua castellana». Y, en efecto, al adentrarnos en sus divertidas páginas presenciamos un varapalo rabioso y alegre propinado a políticos, periodistas, intelectuales y demás alcahuetes del idioma.

Como todo escritor satírico, esconde Amando de Miguel mucha inquietud y mucha ira tras la máscara de la risa. Se subleva contra la depauperación, provocada adrede, de una lengua tan rica como la nuestra. Intuye o comprueba que el pueblo llano sigue llamando al pan, pan, y al vino, vino, aunque puede que la llaneza le dure poco gracias a que la televisión ejerce un efecto multiplicador de la traición lingüística de nuestras supuestas clases dirigentes. No resisto decir aquí mi asombro ante la coincidencia de que, sin saber ni poder saber el uno lo que hacía el otro, estábamos, él y yo, escribiendo al mismo tiempo y con muy similar talante sobre la tema de nuestro tiempo: la perversión del lenguaje por los que él llama *comunicadores* y yo *formadores de opinión.* Nos sumamos, pues, a la vez a la noble armada de nuestros mayores en edad, saber y gobierno, que de siempre han defendido nuestra lengua, pero lo hacemos con cierto aire provocativo y tácticas de corsarios propios de nuestra condición de fuerzas irregulares, procedentes de fuera del ámbito de la filología. No hace falta recordar que Covarrubias era cura, Littré médico y James Murray, autor de la mitad de los doce tomos del *Oxford English Dictionary,* maestro de escuela sin título universitario para reconocer a Amando de Miguel, catedrático de Sociología, el derecho a pelear en lides lingüísticas codo a codo con académicos y otros profesionales.

Ello no quita para que nuestro autor se revuelva de vez en cuanto contra sus propios aliados de la Real Academia y sobre todo contra su tótem (¿y tabú?), el Diccionario. Es en sus críticas a veces atinado, otras injusto, siempre ingenioso. Creo que se equivoca cuando liga el natural conservatismo de la Academia al entorno político del régimen del General Franco. Piénsese en la contestación de Foxá al joven que lo llamó reaccionario: «Soy académico, soy conde, soy ministro plenipotenciario y soy gordo, ¿cómo no voy a ser reaccionario?» A este respecto conviene también repetir la aclaración de don Manuel Seco (en el *ABC* del 10 de septiembre de 1984) explicando que la entrada de las palabras malsonantes en el Diccionario fue decidida por la Academia en la primera mitad de 1975, es decir, antes del cambio de régimen político. En cuanto a las definiciones de términos políticos en el Diccionario, Amando de Miguel encuentra «fantástica» la de *Socialismo* («Sistema de organización social y económico basado en la propiedad y administración colectiva o estatal de los medios de producción y en la regulación por el Estado de las actividades económicas y sociales, y la distribución de los bienes»). A mí eso me parece una descripción bastante exacta de los fines últimos –y declarados– del socialismo, y a muchos socialistas también, a juzgar por la irritación que les produce el *desviacionismo socialdemocrático.*

Pero el autor reserva sus dardos más crueles para crucificar a políticos y periodistas. El editorialista de «*El País*», que hace unos días se quejaba de la acusación de que los medios de comunicación destrozan el idioma, alegando que ellos no hacen sino recoger el habla viva y popular, debería haber leído antes *La Perversión del lenguaje.* Este libro demuestra que los *comunicadores,* lejos de expresarse como el hombre de la calle, se están inventando un galimatías impreciso, obscuro y presuntuoso. Lo hacen por una mezcla de cursilería, ignorancia y pereza, pero también porque a· veces les conviene engañarnos con palabras ambiguas e incluso desprovistas de todo significado.

No se crea, sin embargo, que todo en este libro es crítica cáustica. También propone útiles neologismos. Potísimas razones aduce, por ejemplo, para que adoptemos las palabras *ostia* y *ostiar:* evitaríamos la blasfemia y mitigaríamos la polisemia. Otras veces el autor se vuelve lírico, y se duele, con Alfonso Ussía, de que no haya en castellano rima consonante para *indio* o *carcaj.* Es una lástima que no pueda hacer como Zorrilla, que a la pregunta «¿A que no hay consonante de *baile,* más que *fraile?*» contestó «*Haile*». Pero siempre puede olvidarse del *carcaj* y usar para sus punzantes flechas una *aljaba,* que quiere decir lo mismo y rima con varios miles de pretéritos imperfectos de indicativo.

Resumiendo: Amando de Miguel muestra tanto disfrute con el castellano y tan saludable befa del *politiqués* que merece ser considerado nuevo y bizarro corsario de la causa perdida del idioma, cuerdo maniático que se niega a acatar la estulticia lingüística que nos avasalla. Sólo puedo saludarlo como el alcalde de Zalamea a don Lope de Figueroa: «¡Loco de tan buen capricho!».

(2 noviembre 1985)

El tuteo

¿Qué tuvieron en común Alfonso XIII, los comunistas, los Grandes de España, los socialistas y los falangistas? Que les gustaba el tuteo más que a un tonto un látigo. Entre todos ellos desencadenaron durante el primer tercio de este siglo un proceso que ahora está llegando a su consecuencia natural: la desaparición del *usted* en España. Es casi seguro que no era ése el resultado que buscaban los aficionados al tuteo. Lo que buscaban era diferenciarse, y para diferenciarse tenía que subsistir el uso generalizado del usted. La gracia estaba en que Alfonso XIII tutease al mayordomo mayor de Palacio, al alcalde del pueblo y al carbonero, pero siempre que ellos entre sí se hablasen de riguroso usted. El socialista lo que pretendía al tutear a los *compañeros* –de partido más aún que de clase obrera– era marcar las distancias frente a los demás. No hay solidaridad de grupo sin una cierta complicidad *contra mundum*. Pero al generalizarse el tuteo pierde su utilidad como signo distintivo. Una de las paradojas del lenguaje es que esa costumbre queda, desde el instante en que triunfa, vacía de sentido.

Por eso creemos que está mal planteada la polémica en torno a este asunto. No es que no tenga razón Feliciano Fidalgo cuando dice que «el tuteo a lo salvaje es la definición más canalla de la libertad democrática» («El País», 2-10-85) o Antonio Burgos al quejarse de «la imparable ascensión del compadreo del granujeo de la España del tuteo» («ABC», 10-8-85). Tampoco dejan de tener su parte de razón los abolicionistas del usted cuando afirman que su desaparición simplificará el lenguaje. Todo eso es verdad y tiene su importancia social por un lado y sintáctica por otro. Pero pasa por alto el meollo de la cuestión, que es semántico y estriba en que el suprimir cualquiera de las dos formas, tanto el *tú* como el *usted*, empobrecería muchísimo el castellano y su capacidad de significar matices. Como los matices van a seguir existiendo –dos desconocidos seguirán tratándose con menos confianza que dos amigos, dos hermanos con más cariño que el inspector de Hacienda a su víctima– la dualidad de forma del pronombre personal de segunda persona sigue siendo una manera económica y eficaz de evitar largos circunloquios para manifestar con más palabras lo mismo: el grado de proximidad o lejanía.

Es cierto que la proclividad española al compadreo viene de lejos. Ya el duque de Saint-Simon, embajador de Luis XV ante Felipe V, se declara en su *Cuadro de la Corte de España en 1722* «asombrado al oír a jóvenes atolondrados tutear a Grandes ancianos y a antiguos Ministros». Dicha tendencia se vio reforzada, ya en el siglo XX, por la camaradería política de los partidos de masas y por los gustos regios o estamentales antes citados. Corrompidos –lingüísticamente, se entiende– la nobleza y el proletariado urbano, quedaban aún sin contaminar hacia 1936 la burguesía y el campesinado. Pero llega la guerra y en ambos bandos se desmadra el tuteo. Hay quien dice que los burgueses se percataron de lo elegante que era cuando varios miles de ellos, refugiados en las Embajadas extranjeras en Madrid junto con aristócratas también perseguidos, observaron que éstos lo usaban con garboso desenfado. Luego salieron y lo contaron en sus boticas o notarías, y ya no hubo quien parase el contagio. La UCD y los periodistas ultimaron la faena, y ahora sólo quedan reductos de buen hablar en la pequeña burguesía y en algunas aldeas de montaña.

Y en toda Hispanoamérica, claro está. Ya en otra ocasión les informaremos del resultado de nuestra encuesta sobre el tú y el usted fuera de nuestro país, pero vaya por delante la siguiente prueba de que *no* en todas partes cuecen habas: «Trataremos de usted a las personas que por sus méritos revolucionarios, laborales, culturales, etcétera, gocen de un elevado prestigio social. Ellos son merecedores del respeto y la consideración de todos.» Recuerda a la frase del catecismo del padre Ripalda (1536-1618) sobre «los mayores en edad, saber y gobierno», pero quizá lo de los méritos revolucionarios les haya dado una pista. Se trata de una *Norma de educación formal,* del Ministerio cubano de Educación, publicada por el diario *Juventud Rebelde,* de La Habana, el 21 de febrero de 1985.

(9 noviembre 1985)

Desde Nueva Delhi me ilustra don Carlos Fernández Espeso:

«Me encuentro entre mis libros un curioso folleto sobre etiqueta de palacio del que acompaño fotocopia de las dos primeras páginas. El artículo 6.º trata nada menos que del tuteo mayestático. Como verás está redactado con criterio restrictivo. Parece como si S.M. quisiera reservar al máximo el privilegio del tuteo. Tenía olvidado el folleto y ahora lo redescubro. No tiene fecha y no veo ningún detalle que me permita descubrir cuándo se publicó. En otros artículos (tiene 114) habla del Congreso de Diputados, de doblones y de duros, no de pesetas. ¿Isabel Segunda?».

En efecto, el artículo 6.º de aquellas *Aclaraciones en varios puntos de la etiqueta vigente de palacio* decía:

«Queda abolida la costumbre del tratamiento de Tú a los súbditos españoles, usado hasta aquí por todos los individuos de la familia Real, y sólo lo usarán el Rey o Reina reinante, o Regente del reino, que fuesen padre o madre del Rey o Reina menor».

Muerte de *uno*

A punto ya de consumarse la tragedia histórica de la desaparición de la vieja mitología clásica con la implantación del cristianismo –fin de una serena concepción cíclica del tiempo histórico y orto de las angustias semíticas, cristianas o marxistas del tiempo lineal, del Alfa al Omega– se oyeron voces en los mares griegos gritando: «¡El gran dios Pan ha muerto!» Quizá por eso nuestros terrores sean ahora sórdidos (el SIDA, la bomba atómica, el cáncer) y no *pánicos* (el rumor inquietante del viento en las encinas, el brillo maligno de la luna en el arroyo, el olor montuno del rapto y de la muerte al aire libre). Todo ello es triste e irreparable, pero al menos Pan tuvo sus exequias nobles: el grito de desgarro que cuenta Plutarco.

No así la lengua castellana. Desde Forner nadie se ha molestado en oficiar un digno funeral por nuestra lengua, acaso porque las exequias habrían de llevar aneja una denuncia de los «traductores hambrientos y charlatanes ambiciosos», autores, según Forner, del asesinato, y ya nos advertía el propio polemista extremeño que «las escuadras de la ignorancia han sido siempre invencibles». Pero es que no ha habido ni una mala esquela por la muerte de algunos de nuestros vocablos o construcciones idiomáticas. No faltan, eso sí, lamentos fúnebres por la desaparición del *usted*. Mas, ¿quién nos ha avisado, por ejemplo, del óbito del *uno?* No, no queremos insinuar que el Uno y Trino haya seguido el camino del dios Pan. Nos referimos al pronombre indeterminado que tan útil resultaba para describir, con un verbo en tercera persona, una acción de sujeto indefinido. Hasta hace poco lo habitual era decir «siempre esta *uno* jorobado». Ahora se dice «siempre estás jorobado», fórmula que se nos antoja alarmante para el que la escucha. ¿Seré yo el único jorobado?, se pregunta el interlocutor mirando de reojo a sus espaldas. Y, claro, no es así. Jorobados estamos todos.

Por eso es mejor usar la primera persona del plural («estamos jorobados») o el discreto y delicado pronombre *uno*. Con diversos matices subsisten fórmulas parecidas en inglés, francés o alemán. En francés el *on* –que no equivale con exactitud a *uno*, ni a *se*, ni a *nosotros*– es un delirio exiquisito de ambigüedad. Los franceses sin el *on* no podrían ni escribir la Historia de la Humanidad, es decir, la de Francia. Sabida es la adivinanza: «Qui a fait la Révolution?» *«On* a fait la Révolution».

Además, el *uno* tiene la ventaja de no implicar tuteo ni usteo. Pero de moribundo que está, aun los que se resisten al tuteo se olvidan de acudir a remedio en ocasiones tan sencillo. Se leen frases paradójicas como «es que ya te tutean hasta para multarte» (Moncho González, «La Vanguardia», 22-9-85), o «ya todo el mundo se atreve a hablarte de tú» (Antonio Burgos, ABC, 15-8-85). Si al escritor no le gusta que lo tuteen, ¿por qué tutea al lector? ¿Por qué no dice «lo tutean a *usted*» o «lo tutean a *uno?* Claro que en las frases citadas puede que hubiese intención irónica. O no.

El caso es que el uso del *uno* apenas subsiste, y sólo en el pueblo llano. Nuestras supuestas minorías rectoras prefieren el *tú* agresivo. Sería vano esperar de ellas otra cosa cuando no saben ni hablarse en las Cortes ni dirigirse a su Soberano. En el Congreso se tratan de *Vuestra Señoría,* por más que don Gregorio Peces-Barba les explique que, según la costumbre, todo orador se dirige al presidente, por lo que habla *de* otro diputado, nunca *a* otro diputado, y debe decir *Su Señoría.* Al Rey, en cambio, hablan con un cómico *Su Majestad,* en lugar de *Vuestra Majestad,* y ni se les ocurre que el vocativo correcto es *Señor* y no *Majestad.* Los franceses suelen cumplir con la gramática y con el protocolo, porque se saben de memoria las palabras del cordero al lobo en la fábula de La Fontaine: «Sire, que Votre Majesté ne se mette pas en colère...» En España sólo los artilleros suelen estar al abrigo de aquel error sintáctico, y ello por un curioso motivo histórico: que la tradición inmemorial en su Arma es contestar *Señor* al superior, como en el Ejército británico, y no «mi coronel» o el grado de que se trate.

En fin, *tout lasse, tout passe.* Desde Pan hasta el *uno.* Y sin que suenen voces de muerte, ni siquiera cerca del Guadalquivir.

(16 noviembre 1985)

Si alquien quiere estudiar en serio este serio asunto, le aconsejo *Novedades sobre la segunda persona y la expresión «impersonal»,* de don Emilio Lorenzo, documentado y ameno trabajo que por desgracia yo desconocía al escribir el anterior artículo.

Excelentes y serenos señores

Cuando Dios, ataviado con un guardapolvo y un sombrero hongo color café, volvió a la Tierra (en «La *tournée* de Dios», de Jardiel Poncela), lo primero que hizo fue ordenar que lo llamasen «*Señor y de tú,* como en el Padrenuestro». Cuentan también que Alfonso XIII morigeró a un ciudadano que lo había tratado de usted, diciéndole: «Hombre, me suelen hablar en tercera persona. Algunos prefieren el *vos,* y hasta hay quienes me tutean, pero nunca me habían hablado de *usted.*». Bueno, pues ahora gracias al caos lingüístico y de tratamientos –del que todos somos algo responsables, empezando por el propio Alfonso XIII– es posible oír cualquier cosa.

Se puede, por ejemplo, leer a don Luis Solana dirigiéndose al Rey (en una carta abierta, «*Diario 16*», 28-7-81) de *usted* (en lugar de *Vuestra Majestad*) pero usando *Majestad* como vocativo (en lugar de *Señor*). Su simpaticona frase «comprendo, Majestad, que es una lata, pero no tiene usted más remedio que ir a Santiago» es una lata gramatical más aún que protocolaria. En cambio, los mismos políticos de-

115

ponen toda campechanería en cuanto les conviene. Así, uno de los defectos de forma que alegó el Senado para denegar el suplicatorio para procesar al senador del PNV don Joseba Elósegui (presunto autor del robo de una *ikurriña* en el Museo del Ejército) fue que el juez había tratado de *señor don* al senador cuando éste debía ser tratado de *excelentísimo señor,* según el reglamento del Senado.

Lo paradójico del caso es que en un país como el nuestro, que, contra lo que creen los extranjeros, lleva un par de siglos desconociendo o desconfiando de sus raíces históricas, el Senado se acordase, al elaborar su reglamento en 1982, de una tradición del siglo XIX que hizo extensivo a todos los senadores el tratamiento de excelentísimo señor, en un principio reservado a aquellos que a la vez eran grandes de España. Pero lo cierto es que, gracias a su capacidad autonormativa, nuestra Cámara Alta se ha mantenido dentro de la legalidad al atribuir tantas excelencias a sus miembros. Más dudoso es el caso del Congreso, cuyos diputados parecen ser excelentes sólo por remedo de los senadores. Y lo más curioso es que los demás tratamientos que se dan en España suelen carecer de base legal sólida: se fundan en disposiciones antiguas de discutible vigencia o en la mera costumbre. Nadie ha pensado o se ha atrevido a hacer una recopilación completa y actualizada, como tampoco hay una norma general para las precedencias.

No es de extrañar, pues, que cada cual use para sí o para los demás el tratamiento o apelativo que le venga en gana. El pasado 17 de noviembre pudimos oír, por ejemplo, cómo la emisora de radio *Antena 3* declaraba alborozada: «El *Príncipe de Borbón* acaba de llegar a *Muscat.*» Primero pensamos con zozobra que hablaban de algún pueblo catalán ocupado por otro duque de Angulema. Luego comprendimos que se referían a lo que siempre se ha llamado en español Mascate, hoy capital del sultanato de Omán. Por último, caímos en que el ilustre viajero no era otro sino el Príncipe de Asturias, que representaba muy dignamente a su Soberano en las fiestas del aniversario de la coronación del Sultán. Pero entonces, ¿por qué llamarlo Príncipe de

Borbón, como si fuera un francés? Además de llamarlo como está mandado, Príncipe de Asturias, podían haberle dado, con mayor o menor grado de corrección legal o histórica, el apelativo de Infante don Felipe, Heredero de la Corona, Príncipe de España (hay precedentes y no sólo próximos) e incluso, si les daba gustirrín republicano, Don Felipe de Borbón a secas. En aras de la brevedad podría llamársele el Príncipe, sin más, y ello sería correcto, porque en España se considera tradicionalmente que no hay más príncipe que el de Asturias, y los demás miembros de la Familia Real pueden ser o no Infantes de España, tener un título del Reino o no tenerlo, gozar de tratamiento de *Alteza Real* o no.

Por cierto que, puestos a dar a cada cual lo suyo, bien podríamos recordar que el completo apelativo propio de los Infantes es *Su Alteza Real el Serenísimo Señor Infante de España don...* Aunque sólo sea porque el Príncipe debe (de) ser por lo menos tan sereno como excelentes los señores senadores.

(23 noviembre 1985)

El *usted* amoroso

Los partes de guerra que nos llegan de los distintos frentes son confusos y aun contradictorios. Rápidos avances en Escandinavia, fuerte presión en Europa Central, relativa estabilización en Francia, pocos combates en la Unión Soviética, guerra relámpago en España, ligera recuperación del bando perdedor en Cuba. Nos referimos a la guerra mundial entre el *tú* y el *usted*. Hace un par de meses enviamos un cuestionario a diversos amigos en una docena de países, de cinco lenguas diferentes. Podríamos tabular los resultados, pero no conseguiríamos más que aburrir al respetable. A los españoles sólo nos gustan las conclusiones trascendentes. Ahí van, pues, transmutadas «de anécdota en categoría».

El avance del *tú* como forma única de trato continúa en casi todo el mundo, pero con menor ímpetu que hace quince años. Hoy por hoy parece más aventurado que en 1970 vaticinar que a principios del siglo XXI ya no existirá el *usted*. La reacción ha sido fuerte. Los Srs. Mitterrand, Tierno Galván y Fidel Castro, por citar sólo a tres reaccionarios, no están nada por la labor del tuteo generalizado. Mas por mucho que su ejemplo enardezca a la «famélica legión» que invocan cada vez que cantan la Internacional, dudamos que consigan educar a la otra legión, la que de verdad marca la moda que luego imitan sus mayores para no parecer viejos, la legión del porro y la caja tonta.

En los países nórdicos el tuteo está más cerca del triunfo absoluto porque a la natural simpleza de los jóvenes se ha unido la catequesis progre de unos maestros de escuela convencidos de que su misión histórica era instaurar la fraternidad universal suprimiendo el *usted* del léxico de sus alumnos, con lo que empiezan a escasear no ya quienes quieran usarlo, sino quienes sepan hacerlo. El proceso está más avanzado aún en Suecia que en Dinamarca. En el mundo germánico, además de los matices que determinan los distintos países y religiones, se da la circunstancia curiosa de que en la nobleza católica (sobre todo la austriaca y por contagio la bávara) se tendía por tradición a usar el *tú* al hablar entre iguales, y en los estados del norte y este de Alemania la aristocracia, protestante en su mayoría, tendía al *usted*. En ambos casos se trataba de lo que Julio Cerón llama *palabras levadizas,* que aislan a un grupo social de su entorno. Claro está que los que escogieron el tuteo se encuentran ahora con que al convertirse en práctica general ya no les sirve de santo y seña, mientras que los que se aferran al usted todavía obtienen alguna que otra satisfacción. De todas maneras éste subsiste en la Suiza alemánica ultracapitalista como en la Alemania oriental comunista, así es que algún discreto encanto postfeudal tendrá.

Pero donde menos predomina el tuteo es en Francia. Aún hoy conocemos alguna pareja de menos de cincuenta años en la que marido y mujer se hablan de *vous,* como era frecuente en generaciones anteriores. A fin de cuentas, hasta J. P. Sartre y Simone de Beauvoir, tanto monta monta tanto en el pensamiento revolucionario, se hablaron siempre de *usted,* como nos recuerda don Emilio Lorenzo (*ABC,* 25-7-1985). Nada de lo cual obsta para que también en el mundo francófono –más en Bélgica y menos en Suiza que en Francia– progrese el tuteo entre los jóvenes. El único país donde no ocurre otro tanto es Cuba. Ya en anterior ocasión hemos comentado las frecuentes notas del Ministerio de Educación que publica el diario habanero *Juventud Rebelde* exhortando a la juventud (rebelde, pero dentro de un orden) a hablar de usted a superiores y desconocidos. Precisamente donde se hubiera podido pensar que la revolución acabaría con el usted está intentando conservarlo. En la Unión Soviética, adrede o no, también se mantiene.

Si el caso cubano puede sorprender a algunos españoles, no resulta extraño en el ámbito hispanoamericano, mucho más conservador del *usted* que el nuestro. Ese apego puede llegar a extremos paradójicos como en Chile, donde se tratan de *usted* los que no se conocen bien, de *tú* los amigos y de nuevo de *usted* los novios o esposos, o los adultos a los niños cuando quieren mostrarse cariñosos. Este *usted bis* amoroso es tan revelador que una mujer puede decirle a una amiga: «Ten cuidado, que se te empieza a notar que estás enredada con Fulanito. Ayer se te escapó un *usted* hablando con él en público». Puede que todas estas sutilezas lingüísticas sean restos decadentes del pasado, pero si seguimos suprimiéndolas, ¿quedará algo más que el gruñido prehistórico?

(30 noviembre 1985)

Lengua de primera con diccionarios de tercera

Se está perpetrando un verdadero crimen de precipitación. El Diccionario Histórico de la Lengua Española –que la Real Academia publica por entregas desde 1960 y va ya por la mitad de la letra A– quedará completo, a este paso, dentro de 300 años. Tales prisas denotan un descuido lamentable. Si no se remedia, nuestro país va a desaprovechar una ocasión excelente de celebrar el milenario del descubrimiento de América. En efecto, bastaría con tardar 507 años en lugar de 300 en ultimar el magno Diccionario para hacer coincidir su publicación con el milésimo cumpleaños de la América Hispana. La alternativa sería dar medios a la Real Academia para terminar la faena en siete años. En 1992, cinco siglos y no diez después de descubrir América, España descubriría plenamente su propia lengua. Brindaría a los hispanoamericanos –que además podrían prestar muy útil colaboración en el empeño– una obra que nos costaría bastante menos que la menor de las deudas financieras que andamos condonándoles. Incluso se daría trabajo a algunos de los muchos licenciados y doctores en paro.

La previsible objeción de que ya no queda tiempo suficiente para ultimar la obra antes de 1992 no se tiene en pie. Si Casares, Corominas o María Moliner en España y Littré, Murray o Paul Robert en el extranjero fueron capaces de elaborar sus respectivos diccionarios trabajando casi siempre solos y sin ordenadores, ¿cómo no va a ser posible que un equipo, todo lo numeroso que haga falta, de lexicógrafos y expertos en informática, con microfilmes y computadoras, haga en siete años este trabajo? Es cierto que dicho Diccionario sería el mayor y mejor del mundo (35.000 páginas, cada una equivalente a seis de un libro normal), que habría que homogeneizar diez millones de fichas heterogéneas y que para esta labor no basta con ser filólogo, sino que hay que aprender ciertas técnicas. Pero siete años bien empleados dan para eso y más, siempre que haya voluntad y dinero. Lo segundo no tiene por qué faltar. ¿En qué mejor podría gastar sus fondos la Comisión del V Centenario que en conseguir que el Rey entregue, el 12 de octubre de 1992, a cada uno de los presidentes de las Repúblicas de habla española un ejemplar del Diccionario, como la Oxford University Press ofreció el suyo con la tinta húmeda todavía, en 1928, a Jorge V y al presidente Coolidge? Claro que también el Ministerio de Cultura podría dejar de costear revistas que nadie lee y van a la papelera, y gastarse el dinero en este u otros proyectos que saquen al español de su situación paradójica: ser la única lengua de primera con diccionarios de tercera.

Y es que no sólo carecemos de un diccionario histórico de nuestra lengua, sino que nos faltan otras varias obras de consulta sin las cuales el español puede llegar a parecernos tan artificial como el esperanto. No existe, por ejemplo, un diccionario toponímico que abarque toda la geografía española. Si quisieran ustedes averiguar la etimología de Trujillo, Trebujena o Tragacete habrían de acudir a monografías y opúsculos de erudición local, siempre parciales y a veces poco fidedignos. Hay buenos trabajos limitados a una región –como los de Corominas sobre toponimia catalana– o a un origen lingüístico –como los de Menéndez Pidal sobre toponimia prerromana– pero nadie ha hecho una obra global. Tampoco existe un diccionario etimológico de apellidos españoles. Si usted, curioso lector, se llama Paniagua o Cantalapiedra, o incluso algo tan corriente como Ortega, lo probable es que no consiga nunca averiguar por qué (nos referimos, claro está, al porqué etimológico y no al porqué genealógico). Y no hablamos –porque lo haremos en otro comentario– de la escandalosa falta de un buen diccionario de citas.

El asunto puede parecer trivial. No lo es. En una época de huracanes históricos y sociales ocurre con los pueblos como con los árboles, que tan sólo permanecen erguidos aquellos que conservan raíces hondas y fuertes. Nuestra principal raíz cultural es la lengua –muy superior como logro a nuestra filosofía, nuestra ciencia o nuestra música, todas ellas mediocres– así es que más nos vale cuidarla. Si acabamos hablando un papiamento de mil palabras, sin poder siquiera recordar el pasado con un buen diccionario, habremos perdido lo único digno que nos quedaba. Lo único.

(7 diciembre 1985)

«Muy Sr. mío: El sábado publicó usted en *ABC* un artículo inútil y que supone una crasa ignorancia. El diccionario histórico del lenguaje, que usted desconoce, que añora tanto, de primerísima mano, histórico del idioma, que suple con creces en estos días al de 1726 en seis tomos, reducido a tres por aprovechar encuadernación, está ya publicado desde hace más de veinte años.

Me costó hacerlo diez años [...].

Usted es un primerizo en estas materias al no haber oído este nombre, Enciclopedia del Idioma. [...].

Un mundo nuevo para usted, ¡Qué lástima! [...].

Todos aprendemos algo todos los días, pero es imperdonable [...]».

Eso, entre otras cosas, me escribió el 9-12-85 don Martín Alonso Pedraz sobre su propia obra.

Algo primerizo sí que soy, pero no virgen, y sí había oído el nombre *Enciclopedia del Idioma.* Si no lo mencioné fue porque no me parece colmar las lagunas señaladas.

En cambio se puede y debe recomendar *Ciencia del Lenguaje y Arte del Estilo,* del mismo Martín Alonso. A todas luces obra de un contagioso entusiasta del lenguaje, su estructura algo caprichosa no hace sino añadir encanto a un libro que se hojea con gusto y provecho. Mina de información y tesoro de citas, alguna de éstas obliga a pensar. Por ejemplo, una de Unamuno que aparece en la página 479: «Los españoles difícilmente podemos alcanzar la ironía griega o la francesa. Nos apasionamos en exceso, y pasión quita conocimiento».

Toro «beige» y negros gazapos

«¡Qué bonito toro *beige!*», exclamó el muchacho. «Niño, eso es un toro *jabonero*», corrigió el matador. El padre de la criatura, ganadero y dueño de la dehesa, terció azarado: «Perdona a mi hijo, Rafael; ya sabes que va al colegio en Inglaterra.» Pero el diestro, implacable, zanjó la discusión con un «es que eso se llama un toro jabonero aquí y en el *Peraguay*». La escena, histórica, tuvo lugar en Córdoba hace ochenta años. Más vale no recordar los nombres de los participantes, salvo el del torero, Rafael Guerra. En cuanto al niño, tenía la excusa de que, en efecto, estudiaba en Eton.

La pena es que la mayoría de los españoles de hoy (excepto algún duque al borde de la expropiación o algún cateto al borde de la extinción) desconoce lo que es un toro *jabonero* o uno *zaíno,* y no precisamente por haber estudiado en Eton. Y eso que las dudas en este campo las puede resolver con el libro monumental de Cossío sobre los toros. Más grave aún es la falta de léxicos completos e ilustrados de los viejos oficios, hoy en trance de muerte o de tan radical transformación que pierden sus herramientas y procedimientos antiguos, y con ellos su habla tradicional. No sólo ocurre que en los diccionarios y enciclopedias al uso faltan muchos de los términos de la carpintería o de la alfarería, del pastoreo o de la pesca, sino que además es difícil encontrarlos si no se sabe de antemano la palabra exacta. Fuerza es reconocer que el clásico recurso al dibujito, por ejemplo de un barco, nombrando cada palo, vela, etc., es lo más práctico, por infantil que nos parezca. Existen útiles glosarios, en general regionales, de tal o cual oficio en esta o aquella época. Ya es hora de completarlos –y pronto, que con este siglo morirán los últimos artesanos– y refundirlos, para que conservemos al menos el sonoro lenguaje de los trabajadores de ayer.

Pero ni siquiera los españoles de cultura libresca –que rara vez citan cosas tan humildes como los aperos o los animales– están a salvo de la pifia. Los cultos hacen citas literarias o históricas, y citan mal. Ello se debe a que citan de memoria, lo cual a su vez obedece a que no existe un buen diccionario de citas. Es frecuente, por ejemplo, atribuir a la Constitución de Cádiz el precepto «los españoles serán justos y benéficos». Pues bien, la Pepa no dice tal cosa, sino que «el amor a la patria es una de las principales obligaciones de todos los españoles, y asimismo el ser justos y benéficos». No es lo mismo ser tonto que ingenuo. Convendría que cada palo aguantase su vela literaria exacta y no aproximada o falsa del todo. Pero para eso habría que verificar cada cita en su lugar de origen –y sería vano esperar tal esfuerzo de un intelectual moderno, demasiado ocupado en firmar manifiestos contra la OTAN– o disponer de una obra de consulta que cumpliese estos requisitos: reunir el mayor número posible de citas habituales (no se trata de hacer una antología personal, por exquisito que sea el gusto del recopilador), especificar el autor, fecha, obra y capítulo de cada frase (traducida y en versión original cuando proceda), ordenar las citas por orden alfabético de autores (y no por conceptos, como en esos florilegios de frases útiles para discursos políticos), resignarse a citar a veces tan sólo, por ejemplo, el par de versos más conocido de un soneto, y, sobre todo, añadir un índice exhaustivo.

Esto último querría decir que si a usted, lector lascivo, le rondasen la cabeza los versos atribuidos a Espronceda «Me agradan las queridas / tendidas en los lechos / sin chales en los pechos / y flojo el cinturón», pero los recordase mal (por ejemplo *camas y mamas* en lugar de *lechos y pechos)* y además ignorase el nombre del autor putativo, podría sin embargo encontrar la cita, porque en el índice aparecería reseñada bajo *agradan, queridas, tendidas, lechos, chales,* etc. «¡Qué gozo!, ¡qué ilusión!», ¿verdad? Bueno, pues para hacer un libro así basta con copiar el plan ejemplar del Oxford Dictionary of Quotations, trabajar mucho y usar un ordenador para el índice. Y no olvidar nunca que lo que desea la gente culta es un libro donde comprobar lo que ya sabe, más que uno para fingir sabidurías con citas jamás antes leídas en su contexto.

¿Qué no pagaría alguien como Umbral por un diccionario así, arma secreta contra los negros gazapos que se comen su florido jardín literario?

(14 diciembre 1985)

———

Retiro mi alabanza al Oxford Dictionary of Quotations y mi vituperio de Umbral, por ser excesivos ambos juicios. Yo también cité mal y aun mantuve injusta polémica en «El País» –mayo y junio de 1988– acusando a Savater y a Onetti de confundir las fuentes literarias. Luego resultó que todos estábamos más o menos equivocados, pero el caso es que yo me creía inatacable parapetado tras el Oxford Dictionary of Quotations y descubrí con dolor que esta arma secreta no es infalible: atribuye a Shaw el origen de un epigrama que ya había acuñado Wilde.

Preposiciones

Aquel día don Pío llegó desazonado a la tertulia. Acababa de interrumpir su tarea por un obstáculo nimio. Al ir a escribir que el personaje aparecía llevando puestas unas zapatillas le entró la duda. ¿Debía decir que estaba *en* , *con* o acaso *de* zapatillas? Los contertulios de Baroja cayeron en el mismo titubeo, no por absurdo menos real. Y es que tienen las preposiciones un curioso talante instintivo: se puede uno parar en busca de la palabra exacta salvo si se trata de una preposición, en cuyo caso la espontaneidad es imprescindible y la premeditación lleva a la obscuridad o al amaneramiento. Siempre, claro es, que la espontaneidad tenga un buen arraigo popular o culto, o ambas cosas a la vez, pues de lo contrario se termina hablando como los políticos o los periodistas, que cuando ponen de moda una preposición la usan sin ton ni son, se olvidan de todas las demás y contribuyen a empobrecer todavía un poco más nuestro idioma.

Tal ha ocurrido con la preposición *desde,* que ya ha usurpado las funciones de *ante, bajo, con, en, por, so y sobre* y puede terminar convirtiéndose en otro simple ruido polisémico como *parámetro.* Cierto amigo nuestro residente en Pequín nos recuerda, con la serena memoria que da la lejanía de este patio del Monipodio, el origen de la moda: «Fue Fernández-Miranda, en la tarde del día en que asesinaron a Carrero. Compareció en TVE como presidente del Gobierno en funciones y dijo: *«Desde* el dolor de España...»» Dos años después Rodríguez de Valcárcel, en la proclamación del Rey, soltó otro *desde* en su parlamento(«*desde* el recuerdo» o algo parecido). En ambos casos *desde* aparece sin la connotación espacio-temporal que le es propia». Los orígenes del latiguillo en el antiguo régimen no le han impedido tener un éxito arrollador en el actual. Progres, carcas y no digamos los centristas lo emplean con la fruición que les produce todo lo ambiguo. «*Desde* la convicción política de que nadie se nos opondrá y *desde* el consenso de todas las fuerzas ideológicas, vamos a reducir el idioma para no tener que definirnos con excesiva claridad», podría decir cualquiera de ellos. «*Desde* mi catalanidad puedo y debo comprometerme en una política de Estado, y lo voy a hacer», dice don Miguel Roca («Diario 16», 8/9/85).

La confusión preposicional alcanza a otras partículas. «Adolfo Suárez, caminando *bajo* las tierras movedizas de su propio fracaso», escribía el portavoz de Coalición Popular en Cataluña («ABC», 15/7/85) con una imagen macabra digna de Poe. Pero nada es comparable al éxito del surrealista *(de) cara a. De cara a* las elecciones puede querer decir *con vistas a, en vísperas de* o *para* las elecciones. Otras veces puede significar *frente a, en contra de* o *a favor de.* Por eso gusta tanto a nuestros *formadores de opinión,* aunque acabamos de leer un probable presagio de decadencia: «Shultz advierte sobre un posible endurecimiento económico *con vistas a* Europa». («El País», 14/12/85). De seguro que hace un año hubieran escrito *cara a* Europa, y por una vez habrían acertado. Por casualidad, claro.

Otra nueva locución, de aprovechable equivocidad y por tanto muy en boga, es *pasar por* (en el sentido de *depender de* o *exigir,* aunque con nexo causal menos patente: «La recuperación económica *pasa por* un ambiente más favorable a las inversiones»). Antes tan sólo se usaba en la clásica frase de la novia al novio: «Para acostarnos habrá que *pasar por* la vicaría». Ahora ese es el único caso en que no se usa. La nueva acepción de *pasar por* nació al mismo tiempo que el *pasar de* (importarle a uno algo un bledo), pero esta última es expresión tan inequívoca que la emplea más el pueblo hablando de los políticos que los políticos hablando del pueblo.

Mas no podemos despedirnos de las preposiciones sin aludir al misterioso auge del *de* espurio. Dos son los casos más notables, el *dequeísmo* y la confusión entre *deber* y *deber de.* «Resulta *de* que» es algo que se puede oír ya hasta a los profesores de la Universidad Complutense (al menos en la Facultad de Ciencias Políticas) y no saber que *deber* indica obligación y *deber de* conjetura («*debes* bajar los impuestos porque las elecciones *deben de* estar al caer») es ignorancia en la que cae el propio ministro de Educación («la extensión del plan *debe de* alcanzar pronto a la mayoría de los centros», dijo el señor Maravall en declaraciones a TVE, 5/9/85). Con educadores así no hacen falta corruptores de menores.

(21 diciembre 1985)

Mi viejo amigo don Gonzalo Puente Ojea, Embajador de España y férvido marxista, amante de la tradición y devoto del progreso, escándalo de unos y modelo de otros, me escribía desde Roma el 28 de julio de 1986 apuntando numerosos dislates modernos de sintaxis, a su entender más graves y empobrecedores que los disparates de léxico, y entre ellos uno que enlaza con este artículo sobre las preposiciones:

«...la oración de infinitivo con *que,* tan reciamente española, ha pasado a mejor vida en favor de *a* (asunto *a* tratar, partido *a* jugar, etc.). Es un galicismo verdaderamente infecto y que desnaturaliza el genio de la lengua».

Es verdad, como lo es el desuso creciente de clásicas expresiones similares con *por.* Si seguimos así vamos a quedarnos sin sabrosos «melones *por* calar» y sin curiosas «incógnitas *que* despejar», reducidos a sosos «temas *a* tocar». Y no será por falta de voces –insistentes y más autorizadas que la mía– que advierten contra tan feas mañas: véanse por ejemplo *Preposiciones* («ABC», 11/2/87), de don Valentín García Yebra, y *Sobre dequeismo* (Revista de Filología Románica, volumen II, 1984), de don Emilio Náñez, además del reciente y muy completo libro *Claudicación en el uso de preposiciones* (Madrid, 1988), también del Profesor García Yebra. Este último estudio tiene entre otros méritos científicos el de haberse fijado en mi artículo arriba reproducido, que cita a propósito del tenaz caminante *bajo* las tierras movedizas.

Premios de 1985

Nos ha parecido que la mejor forma de celebrar el final del año y la festividad de los Santos Inocentes era distribuir unos modestos pero sinceros premios entre aquellos que con sus ocurrencias nos han aliviado a lo largo de 1985 la penosa tarea de escuchar y leer en los medios de comunicación tanta tontería que ni siquiera tenía gracia. Ahí van, con nuestro agradecimiento:

Premio *Papel de fumar* al eufemismo político: *«El sector público está sobredimensionado y debe resituarse»* (don Miguel Roca, en unas declaraciones a la revista «Muface», junio, 1985). Suponemos que quiere decir, en español, que el sector público es demasiado grande y debe disminuir. Pero decirlo así hubiera sido vulgar y además peligroso, puesto que se habría entendido. En otros tiempos, ya superados, se entendía a los políticos. Piénsese en la famosa moción aprobada por la Cámara de los Comunes en 1780: «La influencia de la Corona ha aumentado, sigue aumentando y debe disminuir». Esos sí que no tomaban el rábano por las hojas. Ni con papel de fumar.

Premio *Xesús qué fino* a la exquisitez: Ganado por don Luis Carandell, que el 23 de septiembre de 1985, en TVE, pronunciaba *México* hablando del terremoto de Méjico.

Premio *Municipal y espeso* de prosa administrativa: Refiéndose a su decisión de derribar el centro de la ciudad, dice el Ayuntamiento de Sevilla que *«tiene como fin resolver problemas producidos por angosturas puntuales en articulaciones estratégicas del viario, ocasionando puntos de conflicto que reducen la eficacia del funcionamiento capilar del tejido»* («ABC» de Sevilla, 9/11/85). En español, para evitar atascos.

Premio *Señorita Sicur* de prosa *selezta*: *«En Luxemburgo existe un atractivo pero selectivo comercio, como corres-*

ponde a una zona de alta densidad dineraria». («El País» semanal, 25/8/85). Traducción: En Luxemburgo hay tiendas buenas pero caras, como corresponde a un lugar de mucho dinero.

Premio *Camaleón* a las metamorfosis: Ganado por la Oficina del Portavoz del Gobierno, que el 23 de agosto de 1985, en su hoja de referencia del Consejo de Ministros, designó a nuestro país con tres nombres distintos *(Estado español, Reino de España y España)* en un solo apartado (Resoluciones y Acuerdos, Asuntos Exteriores).

Premio *Carlos Gardel* a la elegancia. Ganado por don Martín Prieto, que en una larga crónica desde Buenos Aires para «El País» (23/8/85), sobre unos *ovnis* aparecidos en la Argentina, usa repetidas veces los verbos *visualizar, avistar, detectar y observar,* y ni una sola vez la palabra *ver.* Ese señor debe de llamar al pan, *brioche* y al vino, etílico. ¡Ché, qué cache!

Premio *Calamar* a la prudente nube de tinta: *«Se ha producido respecto de mí una nueva credibilidad»* (don Adolfo Suárez en unas declaraciones a «El País», 18/11/85). Puede querer decir, en español, «la gente se fía ahora más de mí», o «empiezan a tomarme en serio». Pero lo probable es que no signifique nada.

Premio *Tuñón de Lara* a la imaginación histórica: Ganado por los autores anónimos de una pintada que puede verse en Arévalo, con el texto siguiente: *50 aniversario del triunfo del Frente Popular, 1935-1985. JCE (M-L). Mártires antifascistas.* Como las elecciones que dieron el triunfo al Frente Popular tuvieron lugar el 16 de febrero de 1936, Arévalo, ya célebre por el cordero asado y por su monumento a Emilio Romero, revalida ahora su fama de sabrosa imaginación y notable pluralismo político.

Premio *Felipe González* a la cultura clásica. El galardón lleva el nombre del presidente del Gobierno porque éste, durante una visita a Coria, dijo a un niño llamado Héctor «¡qué bonito nombre bíblico tienes!». El premio queda otorgado a TVE, en cuyo «Informe Semanal» del 16 de noviem-

136

bre una locutora citó a propósito de *Galicia* la famosa frase de César sobre *Galia (Gallia est omnis divisa in partes tres)* y además la citó en latín macarrónico («*ABC*», 7/12/85).

¡Y luego dicen que en España no hay gusto por las Humanidades!

(28 diciembre 1985)

Neologismos «erráticos»

Que los españoles somos gente gregaria y sin imaginación, que los ingleses son violentos y apasionados o que los escandinavos son unos vagos bien organizados son hechos que saltan a la vista pero que rara vez queremos ver: tan encandilados estamos con los estereotipos nacionales del pasado, olvidando que por motivos que no vienen a cuento los talantes de los pueblos cambian. El caso es que los españoles de los últimos cincuenta años han dado pruebas abundantes de su falta de imaginación en todo lo tocante al idioma, y en particular a los neologismos. No es que falten éstos –si acaso, sobran–, es que casi todos son malos remedos de palabras extranjeras, y cuando son producto puro de nuestra otrora fértil inventiva nacional suelen pecar de sosos, imprecisos o innecesarios.

La verdad es que el único neologismo reciente que se nos antoja útil y garboso es *pasota*. Lo primero porque llena un hueco en nuestro léxico. Lo segundo porque su desinencia inhabitual, su combinación capicúa de vocales y su ese chula y arrastrada le prestan un eco aliterativo y casi onomatopéyico del personaje que la palabra representa. Pero el resto del panorama neologístico es aburrido salvo cuando se vuelve ridículo. Aunque ya hemos comentado en ocasiones anteriores numerosas memeces de moda, conviene seguir reseñando otras novedades no menos inanes:

Cotas. Cualquiera que haya hecho la mili sabe que cota es el «número que en los planos topográficos indica la altura de un punto», como recuerda el Diccionario. La cosa estaba clara hasta que a alguien se le ocurrió emplear la palabra como sinónimo del sentido figurado de *nivel* y a veces de *extremo*. Hasta aquí no habría nada que objetar; se trataba de substituir un sentido figurado por otro. Pero pronto se convirtió en un latiguillo, difícil además de usar. Unos

139

prefieren *mayor cota* («el Estatuto de autonomía es un medio para obtener *mayores cotas de libertad*» dice don Jesús Insausti, del PNV, en «Diario 16», 24-7-85, sin duda porque le parecía *desestabilizador* decir «*más libertad*» a secas) y otros *cota más alta* («El asesinato de Spadafora sitúa el *desprestigio* del Ejército panameño en su *cota más alta*», titula «El País», 5-10-85, aunque hubiera sido más sencillo colocar *bajo* el *prestigio*). La topografía ha desplazado a la astronomía (*cenit* y *nadir* se decía antes) y sigue aportando nuevas imágenes: «La capacidad de simulación del asesino iba alcanzando *vértices* increíbles» (ABC, 22-8-85). Increíble, en efecto.

Desmentido. El término tradicional –*mentís*– tiene la ventaja de sonar tan tajante como debe ser el propio acto y la gracia de contarse entre los pocos verbos substantivados en tiempo presente. Por desgracia empieza a imponerse el insulso *desmentido (*«*Desmentido* sirio», «El País», 3-8-85) y *desmentida* («la propia sor Lucía escribió una seca *desmentida*», ABC, 2-6-85). Esta última voz –que sí figura en el Diccionario– nos disgusta menos en gracia a su resonancia desgarrada. Nos recuerda a *parida* (en el sentio de *machada),* que por cierto es otro de los pocos neologismos provechosos de estos tiempos.

Errático. En español (como en inglés *erratic* y en francés *erratique)* tenía desde hace siglos un significado técnico en Astronomía y otro en Medicina, así como un tercero, más general, equivalente a *errabundo.* Pero he aquí que los ingleses en el siglo pasado empezaron a aplicar a ciertos hombres y a sus acciones el adjetivo *erratic* en su sentido astronómico (imprevisible, excéntrico, irregular). Y los españoles empiezan ahora a copiar esta acepción, olvidando que ya teníamos en castellano *divagante,* palabra sugestiva de casi todos los matices de *erratic* y de alguno más. Tan sólo casos de marcado carácter erradizo y aun esquizofrénico sería acertado calificar de *erráticos.* Así, el embajador Alfaro, en su artículo «Diplomacia errabunda» («Ya», 2-12-85), escribe: «Debo hacer constar la justificada boga del adjetivo *errático.* ¿Qué otra calificación más benigna podría aplicarse a nuestra vigente acción exterior, donde los interrogantes y las sorpresas saltan en cada vuelta del camino?» Será que el embajador alude a los *dolores erráticos* y a las *calenturas erráticas,* que se producen sin lugar ni período fijo. Si está ocurriendo con la política exterior de España eso, como en la lengua, aviados estamos.

(11 enero 1986)

Control de traseros

«La amplitud *controlada* de su cálido trasero». Así celebra don José Donoso las nalgas de su señora en «El jardín de al lado» (1981). Cela hubiera cantado un «culo de tan buen palpar», el Caballero Audaz (¿lo sigue leyendo alguien?) hubiera exaltado «las curvas sensuales que iban de la cintura a los muslos» y Calber vendió sus polvos de talco con el famoso «toda tú eres un culito». No hay que escandalizarse porque las modas cambien. Sucede, empero, que la anatomía cambia menos y cuesta trabajo entender cómo su parte más carnosa pueda estar *controlada*. ¿Cómo y por quién? ¿Por el Defensor del Pueblo, por la Fiscalía de Tasas o por las fajas Soras?

Lo ocurrido es que la palabra *control* ha tenido una vida larga, cosmopolita y azarosa, y sigue dando que hablar. Nacida en la Francia medieval con el sentido de doble registro que se llevaba en la administración para la verificación recíproca (había el *rôle,* rollo o registro, y el *contrerôle,* contrarregistro, que por contracción se convirtió en *contrôle),* pronto pasó a Inglaterra donde con el tiempo cobró un significado de *dominio* más que de *fiscalización.* Su derivado *contralor* (interventor) llegó a España de la mano de Carlos I, que lo trajo de la Corte de Borgoña, pero aquí terminó cayendo en desuso mientras que en Hispanoamérica subsiste. En algunos países de ultramar el *Contralor* de la República equivale a nuestro presidente del Tribunal de Cuentas del Reino, es decir, alguien casi tan poderoso como un *controlador* aéreo español.

El caso es que la voz *control* como tal no se afincó en España hasta mucho más tarde, en una segunda importación, mixtura insólita de anglicismo y galicismo simultáneos. La Real Academia se resistió tanto a admitirla que sólo recogió el hecho consumado de su uso en la edición de 1970 del Diccionario, con la doble acepción de *inspección* y *preponderancia*. Ya para entonces *control* había cobrado en todo el mundo –hasta en Francia a veces– el sentido moderno inglés de mando, perdiendo terreno la acepción original francesa de supervisión. Pero a finales del siglo XIX no era así, y los *falsos amigos (contrôle* en francés y *control* en inglés) provocaron un grave malentendido entre los negociadores españoles y americanos del Tratado de París que puso fin en 1898 a la guerra entre España y los Estados Unidos. Estuvo a punto de no firmarse la paz cuando quedó patente que el *control* de las Filipinas que reclamaban los yanquis no era una simple *intervención* como el Gobierno de Madrid había creído en un principio, sino *dominio* efectivo.

Habrá quien piense que si el control de unas islas bien valió una guerra, *a fortiori* la valdría el control del antes citado «cálido trasero», como ocurrió con el de Helena de Troya. Mas no es eso, no es eso. Lo notable de la «amplitud controlada» es que presagia una nueva moda lingüística, la de una tercera acepción del término controlar. Las expresiones inglesas *controlled fury* (furia *contenida*) o *controlled strength* (fuerza *mesurada*) han ido extendiendo el uso del participio pasivo del verbo *controlar* a nuevos terrenos. A veces lo que se quiere insinuar es que la persona o el objeto posee una virtualidad expansiva o vital que se mantiene constreñida, y ello no por encorsetamiento (la señora de la novela estaba en cueros) ni por un acto de voluntad (ninguna proeza de *self-control* o *dominio* de sí mismo es capaz de reducir la amplitud de un trasero) sino por una especie de armonía interior, en este caso del *gluteus maximus*.

Claro es que a nosotros nos parece tan peregrino hablar de la amplitud controlada de un trasero como referirse a la bondad controlada de un Gadafi. Pero por ahí van los tiros. Ustedes acechen la caja tonta y ya verán cómo adopta el idiotismo.

(18 enero 1986)

Lo de *toda tú eres un culito* tuvo sus problemas. Quiero decir que todos recordábamos las vallas publicitarias con aquella señora tan mona, en cueros (dicen que suprimieron los carteles por quejas de las feministas y también por acercarse la visita del Papa; lo uno me lo creo mas lo otro no: Juan Pablo II es hombre con sentido del humor y no se hubiera escandalizado por un quítame allá esas nalgas), pero el caso es que recordábamos el lema como *toda tú eres culito,* sin *un.* Menos mal que consultada una agencia de publicidad comprobamos lo erróneo del recuerdo general.

Al cabo de unas semanas comprendí el motivo de la equivocación inicial. El artículo *un* sobraba estilísticamente y la prueba la dio hace siglos Lope de Vega con su letrilla:

> ¿Dónde te has criado,
> la niña bella,
> que, sin ir a las Indias,
> *toda eres perla*?

Un libro de estilo

El mejor semanario del mundo es uno de los más viejos: *The Economist,* publicado en Londres desde hace siglo y medio sin interrupción. Es también uno de los más modernos en sus puntos de vista y en sus técnicas de confección y distribución. Y es el mejor redactado. Su «libro de estilo» –modestamente titulado *Style sheet*– exige a los redactores claridad, concisión y corrección. Advierte contra las acechanzas de la pedantería, la hipérbole, el vulgarismo, las metáforas (acepta, siguiendo a Orwell, las muy originales o aquellas tan consagradas que valen por moneda corriente, pero no las pretenciosillas intermedias), las imágenes desafortunadas (del estilo de esta afirmación en el *Diario de Cádiz,* 5-1-86: «El guardiamarina realiza un crucero de instrucción en el buque-escuela durante el cual toma su primer contacto profundo con la mar», como si el «Elcano» fuese un submarino o naufragase cada año), los barbarismos, los americanismos («recuerde que muchos americanos leen *The Economist* porque les gusta leer buen inglés») y la incorrección en el tratamiento (resulta paradójico que nuestro presidente del Gobierno sea *Mr* González en *The Economist* o *Monsieur* González en *Le Monde,* pero González a secas en la Prensa española).

No sólo estas instrucciones generales son dignas de la atención de nuestros periodistas, estudiantes y tribunos, sino aun muchas de las proscripciones de palabras concretas que si son cursis en inglés no lo son menos en español. *To impact* suena tan ridículo en Londres como *impactar* en Madrid. Si al *Economist* le disgusta el uso de *aggressive* para calificar a un comerciante emprendedor, ¿qué decir de nuestra manía, iniciada por López Bravo, de asegurar con cada cambio de Gobierno que la diplomacia española va a ser más agresiva? Ya se sabe que por fortuna es mentira, pero bien podrían nuestros *formadores de opinión* –en general gentes tan alejadas del mundo militar que ni siquiera saben que los barcos de guerra no tienen *tripulación,* sino *dotación,* y que en el Ejército no hay *tanques,* sino *carros*– acudir menos al vocabulario bélico. Todo se vuelve *estrategias* y *tácticas* (electorales, por ejemplo), *vanguardias* (obreras), *retos* y *desafíos* (económicos) en boca de nuestros políticos de derechas o de izquierdas. Estos últimos deberían ser más fieles, al menos en el lenguaje, como nos recuerda don José Ignacio Gracia Noriega, al «franciscanismo laico que inunda su austero espíritu».

Si algún dueño de periódico, borracho, nos encargase un «manual de estilo», desaconsejaríamos esos latiguillos y otros que ya hemos apuntado o que iremos enumerando. Por ejemplo:

Balón de oxígeno. Forma melodramática y prolija de decir un respiro: «Le tocó la lotería y aquello fue un *balón de oxígeno* en su crisis económica» (un respiro en sus apuros de dinero).

Más exhaustivo. «La mayoría de los huesos ha sido trasladada al Instituto de Anatomía de Granada para efectuar un estudio *más exhaustivo*» («*El País*», 3-8-85). El examen de los muertos, como el de los vivos, o es exhaustivo o no lo es, sin posible matiz de más o menos. Esto nos trae a la mente a cierto amigo nuestro que, intransigente, dejaba de comprar en cualquier tienda donde el hortera le ensalzase un artículo diciendo «éste es de calidad *más superior*».

Carencia. En español quiere decir falta de alguna cosa, y se emplea a menudo en la Medicina refiriéndose a la falta de alguna vitamina. Pero observamos que empieza a ponerse de moda un nuevo galicismo inútil: hablar de *carencias* (en plural y en abstracto) a propósito de las *lagunas* de las leyes, los *fallos* o *incompetencias* de los organismos administrativos o las *imprevisiones* de los entes políticos. Para eso ya teníamos las varias palabras citadas y, con carácter general, *insuficiencias.* Pero si de lo que se trata es de empobrecer el español insuflándole vaguedad, adelante.

Y el que no esté de acuerdo, que aprenda inglés y lea el *Economist*. Será su *más exhaustivo balón de oxígeno de cara a las carencias* de la Prensa de este país.

(25 enero 1986)

O incienso o zurriago

La ley del talión –«ojo por ojo, diente por diente»– es un principio jurídico no por drástico menos grato al sentido común. Resulta también aplicable en las cuestiones del lenguaje, donde el sarcasmo nos parece la única respuesta adecuada a quien nos irrita con sus idiotismos: contra el latiguillo, el varapalo. Aconsejamos, pues, a nuestros lectores que fustiguen de palabra (y de obra si son más fuertes que el contrario) a todo el que les azote los oídos con los latiguillos que llevamos denunciados y con otros como:

Filosofía. Refiriéndose al partido de baloncesto entre el Real Madrid y un equipo de Zagreb, el 16 de enero pasado la emisora de radio *Antena 3* mencionó docenas de veces la *filosofía* del equipo español. Y no es que aquellos chicarrones fueran kantianos o escolásticos o neopositivistas: la tal *filosofía* era a secas el *plan de juego* previsto por el entrenador, que por cierto debió de resultar inferior a la *filosofía* –marxista-leninista, se supone– de los yugoslavos, puesto que ganaron éstos. La verdad es que no sospechábamos que la palabra *filosofía,* tras salirse de madre semántica y usurpar sucesivamente en cosa de diez años el terreno léxico de los términos *doctrina, líneas generales* de una cuestión, *proyecto* de actuación e *instrucciones,* había llegado a inundar los campos de juego.

Profundo. Dicho adjetivo es tan correcto como su sinónimo *hondo.* Pero, ¿por qué tiene a desbancar a éste en la prosa oficial y periodística? Sospechamos dos motivos. El primero, que *hondo* debe de parecer poca cosa a nuestros *formadores de opinión.* Lo dejan para calificar vulgaridades como un pozo o una olla, y usan *profundo* al hablar de elegancias como la *filosofía* de un subdirector general o la de un equipo de fútbol. El segundo es que a veces traducen del francés, lengua en la que tan sólo existe el término *profond,* y, como no saben ni francés ni español, traducen mal. Antes se traducía la clásica *«profonde inquiétude»* de los comunicados oficiales (en general preludio de una intervención militar) por *honda preocupación.* Ahora es inevitable la *profunda inquietud,* que suena más sutil.

Iniciar. Ocurre lo mismo que con el vocablo anterior. No hay nada en contra del verbo *iniciar* (o de *inicio*), pero sí de su inminente monopolio lingüístico. Diríase al leer la prensa que ya nadie *comienza* un discurso, *empieza* a comer, *emprende* un viaje o *principia* una carrera. Todo lo más, de ministro para arriba, se *da comienzo* a una visita oficial. Pero casi siempre hoy se *inician* las cosas. Es lo fino, aun a costa de la variedad del español.

Sanidad. Todos menos los traductores de TVE sabemos que quiere decir «calidad de sano» o «conjunto de servicios gubernativos ordenados para preservar la salud». En cambio la palabra inglesa *sanity* equivale a *cordura:* ojo, pues, y zurriagazo al cursi cosmopolita que empieza a traducirla por *sanidad.*

Sicofante. Significa *calumniador,* y también *impostor.* Pero como en inglés un *adulador* es un *sycophant,* se empieza en círculos generalmente mal informados a llamar *sicofantes* a los *pelotas.* Nosotros si fuéramos periodistas amamantados con los *fondos de reptiles* protestaríamos, ya que el *dulce* cobista profesional es lo contrario de un *calumniador.* Así es que nada de *sicofantes;* deben llamarse *turiferarios* (los que llevan los incensarios), que suena muy bonito. Recuerda además al *botafumeiro,* que como es sabido servía pata tapar con incienso el hedor de los peregrinos en Santiago. A veces el hedor del poder no requiere menos. O incienso o zurriago.

(8 febrero 1986)

«...alienum puto»

Para ser excéntrico –para ponerse el mundo por montera– conviene tener pingües rentas. Cierta familia de hacendados andaluces produjo excéntricos notables en el siglo XIX. Uno de ellos, que vivía en Cádiz durante el asedio francés, no sólo se ponía el mundo por montera sino el cielo por capelo, ya que se disfrazaba de cardenal para dar de comer a las gallinas. Pero es su hijo, el conde de V., quien aquí nos interesa, por su lógica rigurosa aunque extravagante. Llamó un día a su secretario y le dijo: «Le voy a dictar una lista de nombres». «Sí, señor». «Titúlela *Gente que me cae antipática sin saber por qué*». «Sí, señor». «Póngase usted el primero». «Pero ¿por qué?» «Lea lo que acabo de dictarle: *sin saber por qué*».

Por higiene mental todos, si pudiésemos, deberíamos dictar listas así. Y otras, quizá menos arriesgadas, de palabra y expresiones que nos repugnan sin que podamos tacharlas de craso error, sólo de torpeza o cursilería. Se trata, en suma, de ejercer el derecho a una sana arbitrariedad en los juicios estéticos. Nosotros la empezaríamos así:

Hombre soy y nada humano me es ajeno. La frase, trivial en sí, no irritaría si sólo la oyésemos un par de veces al año. Pero se ha convertido en la muletilla diaria de cualquier indocumentado que quiera acreditar su condición de filántropo laico y progre culto. Incluso la Asociación pro Derechos Humanos –más activa en sus campañas contra la OTAN que original en su publicidad– se anuncia de esta manera: *«Nada humano te es ajeno. Si crees en los Derechos Humanos. Si crees en los ideales de paz, libertad y justicia social. Si crees que esos ideales no se le pueden arrebatar al hombre en ninguna circunstancia y en ningún lugar, lucha por ellos. Porque nada humano te debe ser ajeno»* («El País», 30-11-85). Suena noble y hermoso hasta que se entera uno de que el personaje autor de la frase era un viejo que en tiempos había abandonado a su hija recién nacida porque sólo quería descendencia masculina, y que en el momento de pronunciar las palabras inmortales acababa de encarecer a su interlocutor que forzase a sus esclavos a trabajar más. Cuando éste le preguntó por qué se metía donde no lo llamaban, aquél contestó: «*Homo sum; humani nil a me alienum puto*». Todo un paladín de los derechos humanos, como se ve: machista, infanticida y esclavista. El éxito de la cita puede deberse a que los humanistas que la usan no han leído nunca «*El atormentador de sí mismo*», de Publio Terencio Afer (185-159 a. de C.), comedia entre cuyas primeras líneas aparece ésta que ha llegado a convertirse en santo y seña de nuestros altruistas modernos. Puede también ser la palabra *puto* lo que les atraiga; sólo quiere decir *considero* pero producía risitas en los bancos del colegio, y estos santurrones son como niños.

Cohabitación dulce. Desde que comenzó a sospecharse que los franceses –gente muy mirada con sus dineros– van a votar en marzo contra los socialistas que los empobrecen, empezaron las cábalas sobre la probable paradoja de un Gobierno de derechas compartiendo el poder con un presidente de izquierdas. Una de las soluciones que se barajan es la de la *cohabitation douce,* que quiere decir *cohabitación suave,* sin choques ni roces, especie de *coexistencia pacífica* (es probable que esta última expresión no fuese empleada porque ya significa otra cosa en la política internacional). Sin embargo nuestros periodistas se empeñan en traducirla por *cohabitación dulce* (por ejemplo en ABC, 11-1-86) como si se previese una luna de *miel.* Debe de ser que en España todo lo que toca a Francia se ve *sub specie erotica.* O *sub specie culinaria.*

Masivo. En lo que va de año, la mayor densidad de inexactitudes en una traducción fue alcanzada por la emisora «Radio El País», con el titular *«Evidencias* irrefutables de la *masiva corrupción* de los Marcos» (22-1-86). Huele a traducción macarrónica del inglés, donde el término jurídico *evidence* puede significar *indicio, prueba* o *deposición*

154

(con perdón), *corruption* un delito traducible por *cohecho, prevaricación* o *peculado* y *massive* no quiere decir más que *muy grande. Masivo* en español es sólo aplicable a las dosis de fármacos. Y no es que no se entienda aplicado al robo, es que nos *cae gordo* sin saber por qué. O, si ustedes prefieren, nos *cae masivo.*

(15 febrero 1986)

El lengua

La otra noche se me fue el santo al cielo leyendo a don Rafael Lapesa. Que me perdone uno de los mayores filólogos del mundo; ya sé que su límpido estilo y su erudición rigurosa no buscan provocar ensoñamientos en el lector sino estimular la curiosidad intelectual y acrecentar el conocimiento científico. Pero al mencionar de pasada el sustantivo arcaico *lengua* (en masculino y en la acepción de *intérprete* o *traductor,* como por ejemplo en la frase «nos acompañó *un lengua* para entendernos con aquella gente»), ese nombre que yo no había oído ni leído desde niño tuvo en mí el mismo efecto evocador que la famosa magdalena de Proust.

Me vinieron vagos pero intensos recuerdos de otras noches muy lejanas, hará casi cuarenta años: el calor sofocante del campo andaluz, la tertulia bajo el enramado de la higuera, la voz bien timbrada y la palabra a veces irónica, con frecuencia sentenciosa, siempre mayestática de un hombretón ventripotente que sentaba cátedra en su silla de enea, bien ceñida la fuerte pantorrilla por las pinzas para pantalón de ciclista, liando algún cigarro de picadura gibraltareña de contrabando. Era el novio eterno de nuestra niñera, un ser superior algo remoto pero que al venir a pelar la pava parecía prestarnos más atención a los niños embobados que a su siempre atareada novia. Contaba historias de la guerra de Africa. La que más nos gustaba era una atroz de unos asediados que, medio muertos de sed, tuvieron que beber la orina de los mulos. El caso es que en muchas de esas anécdotas aparecía junto a los soldados españoles un personaje, *el lengua,* que hacía de truchimán. Los diccionarios dirán lo que quieran, pero el arcaísmo seguía vivo y coleando muy poco ha. Juraría incluso que en ocasiones mi cronista admirado lo llamaba *«el moro lengua»,* pero reconozco que acaso esté yo introduciendo en mis recuerdos este curioso uso adjetival de la palabra porque acabo de leer en el Corominas dicha aposición, encontrada en la *Vida de Guzmán de Alfarache.*

157

Y sin embargo casi ningún arcaísmo me parece incongruente en aquel español viejo y rico que todavía hablaba el andaluz pueblerino a mediados del siglo actual, antes de que la caja tonta impusiese en toda España el vocabulario (no más de mil palabras, y casi todas imprecisas y cambiantes) del oficinista madrileño. Tan peculiar era aquella lengua de mi infancia –no por los andalucismos, pocos, mal que les pese a los nuevos partidarios de la babucha y la mezquita, sino por los arcaísmos o las voces simplemente poco usuales en la capital– que al llegar yo, todavía niño, a Madrid me llamó la atención que aquí se dijese *copiar* o *imitar* en vez de *remedar*, *hucha* por *alcancía*, *tímido* por *corto de genio*, *gratis* por *de balde*, *disputar* por *porfiar*, *veterinario* por *albéitar*, *aseado* por *curioso*, *chiste* por *chascarrillo*. Resultaba desconcertante oír a los *chicos* (en mi tierra tan sólo había *niños* burgueses, *zagales* campesinos y *chaveas* una pizca golfos) burlarse de mis modestos *bolindres (canicas)*, *poninas (peonzas)* y *guitas (bramantes)*. Lo más importante era no decir *portañuela*, sino *bragueta...* Pronto comprendí también que un *guijarro* podía hacer tanto daño como un *chino*, y una *mentira* doler tanto como un *embuste*. Tampoco tardé en percatarme de que aunque más elegante era muy parecido tener una *deuda* en Madrid y una *trampa* en Andalucía, o hacer una *trampa* aquí y hacer una *fullería* allí. Pero todavía hoy sigo sin saber a ciencia cierta si *un suponer* (equivale a *por ejemplo* o *verbigracia*) es un vulgarismo vitando o una expresión clásica. Y aún recuerdo mi angustia cuando, con los nervios de un examen de oposiciones, miraba fijamente la palabra francesa *petit pois (guisante)* sin acertar a traducirla más que por el *chícharo* duro y andaluz.

Forzoso es que así sea, si no erró Rilke al decir que «la verdadera patria del hombre es su infancia». Todos los adultos estamos más o menos desterrados de ella, y algunos necesitamos a veces *un lengua* para entendernos con los demás.

(22 febrero 1986)

Tonterías en agraz

Por aquello de que vale más prevenir que curar, nos parece tempestivo reseñar ciertas palabras aún no adoptadas del todo en los medios informativos y políticos, pero ya abocadas al éxito gracias a su estupidez y ambigüedad intrínsecas. Son tonterías en agraz y su lista, que ampliaremos, es *tecnología de doble uso,* como diría un periodista, o sea que sirve para dos cosas: para evitarlas si quiere uno ser comprendido, o para emplearlas si busca uno el provechoso equívoco o el dárselas de exquisito. En ambos casos «la jeri (aprenderá) gonza siguiente»:

Articulado. Es novísimo barbarismo. En inglés se dice *articulate* de quien articula con claridad las palabras y, por extensión reciente, de quien habla con soltura y elocuencia. En español, *articulado* sigue siendo fundamentalmente un adjetivo zoológico («el ciempiés es un animal *articulado*») y un substantivo jurídico («el *articulado* de la Ley de Aguas de 1985 es un ciempiés»). Para traducir *articulate* en su acepción moderna basta con decir *diserto.* Pero algunos terminarán descubriendo que *articulado* suena más *glamuroso.*

Superar. Es pifia de fuste –que el ministro de Educación y Ciencia comete, oficialmente en nombre del Rey– atribuir al verbo *superar* el significado de *dominar* una disciplina o *alcanzar* unos conocimientos. *Superar* sólo quiere decir *sobrepujar, exceder* o *vencer,* según el Diccionario. Diccionario que el señor Maravall no debe de manejar mucho cuando ha mandado (por orden aparecida en el «BOE» del 24-1-86) que los títulos de Bachiller recen así: «Juan Carlos I, Rey de España, y en su nombre el ministro de Educación y Ciencia, por cuanto don Fulano de Tal *ha superado todas las materias* que establece el Decreto 160/1975, de 23 de enero, expide a su favor el presente título de Bachiller, que *le* (*lo* sería más correcto) faculta para ejercer los derechos que le otorgan las disposiciones vigentes.» En otros títulos se dice que el interesado «*ha superado* el nivel educativo»

159

o «*ha superado* los estudios y prácticas». En ninguno se señala que haya *superado las pruebas* o exámenes correspondientes a las materias. A lo mejor es que se espera de cada futuro bachiller que *supere* la ciencia actual inventando por su cuenta una geometría no euclidiana, una biología no evolucionista y una teología de la liberación. Lo que está claro es que con un Ministerio de Educación así cada niño inventará una gramática no académica.

Partidario. Como es sabido, quiere decir *adicto* a una persona, doctrina o partido. Pero alborea la creencia tontiloca de que *partidario* es lo mismo que *partidista* o *parcial.* Don José Luis Vázquez-Dodero se queja de eso y del desuso de la recia voz *banderizo.* Nosotros ofrecemos la hipótesis de que este «corrimiento de carga» semántica se debe, como en los buques mercantes, al oleaje, en este caso político. En la lengua inglesa ha ocurrido algo similar, pero en sentido contrario. *Partisan,* palabra de origen italiano, se usaba desde el siglo XVI, casi siempre en tono peyorativo, como equivalente de *sectario.* Pero luego vino la segunda guerra mundial y algunas partidas de guerrilleros, sobre todo en la zona mediterránea, resucitaron el nombre de *partisanos.* El novelista Evelyn Waugh, que como oficial de enlace británico intentó en vano mover a los secuaces yugoslavos de Tito a que luchasen de veras contra los alemanes, se hartó luego de explicar que aquellos *partisanos* rehuían a la Wehrmacht y en cambio perseguían a sus compatriotas. Sin embargo, la *crema de la inteleztualidad* inglesa –que en su mayoría se había quedado emboscada en Londres cuando no en aldeas bucólicas para escapar de los bombardeos– concluyó que ningún *partisano* de izquierdas podía ser más que muy macho y muy benéfico. El término empezó a cobrar connotaciones más positivas. Hoy sigue significando *partidista,* pero hace pensar más que en un *sectario* en un *apasionado* digno de cierta indulgencia.

Así es que ya saben ustedes. Para *superar* el nivel educativo de nuestro tiempo conviene ser *articulado,* pero no *partidario.* En todo caso no hay que serlo del Diccionario.

(1 marzo 1986)

Cabrón pardo pace en prado

Ya no se puede ironizar con aquello de «ciudad de mil
tabernas y una sola librería» porque hoy con las cafeterías
–modernas tabernas– cohabitan a veces librerías nada des-
deñables. Se conoce que éstas emulan el talante desenfada-
do de aquéllas, pues en una regalaban hace poco cierto
librito a todo el que hacía alguna compra, como el camarero
anuncia, rumboso, a quien acaba de almorzar, «la casa
invita a una copa de pacharán». El obsequio –fin de serie
invendible, suponemos– se titulaba *Curiosidades de las palabras, figuras y números,* publicado en 1983 por Seleccio-
nes del Reader's Digest sin dar nombre de autor. Quince de
sus pequeñas páginas versaban, con gracia y amenidad,
sobre las palabras y algunos de sus aspectos lúdicros: trabalenguas, palíndromos, paronomasias, etcétera. Pues bien,
por esas mismas fechas se podía comprar en Inglaterra por
un buen puñado de libras un tomo de 240 páginas, *The
Oxford Guide to Word Games,* que trataba de lo mismo con
no menos amenidad pero con bastante más extensión y
erudición.

¿Qué ha ocurrido en España para que el único trabajo
moderno sobre esta materia fascinante sea un folleto de
editor yanqui? ¿Cómo se explica que el libro de la Oxford
University Press se extasíe por ejemplo con lipogramas
–composiciones literarias escritas sin usar determinada vocal o consonante– de Lope de Vega y otros clásicos españoles y aquí apenas se hable de ellos? Pues ha sucedido que el
puritanismo intelectual decidió hace medio siglo que los
juegos con (más que *de*) palabras son frivolidades poco
morales y progresistas. De nada sirve recordar al *intelectual
comprometido* cristiano que Cristo fundó su Iglesia con una
paronomasia («Tú eres Pedro y sobre esta piedra...») o al
marxista que Marx replicó a la *Filosofía de la Miseria* de
Proudhon con la *Miseria de la Filosofía,* y que subtituló su

libro «La Sagrada Familia» con otro retruécano: «*Crítica de la crítica crítica* contra Bruno Bauer y sus secuaces.»

Típica de esta actitud hostil es la frase «juegos pueriles del lenguaje» con que el Diccionario de Literatura Española, de Bleiberg y Marías, califica la palindromía. Juego sí será, pero pocos niños habrá capaces de inventar un palíndromo, es decir, una frase que se lea igual de izquierda a derecha que de derecha a izquierda, letra por letra, como *amó la paloma*. Prueba de la decadencia de nuestra imaginación en este campo es que los tres diccionarios que hemos consultado ofrecen el mismo ejemplo: *Dábale arroz a la zorra el abad*. No está mal pero debe de ser más viejo que las cotonías. Cuando una frase capicúa suena moderna suele ser muy pobre: *logré ver gol*. En cuanto al anagrama o transposición de letras de una palabra de suerte que resulte otra (*Roma-amor*), a que tan aficionados eran nuestros poetas barrocos, el único buen espécimen moderno conocido (*Salvador Dalí-Avida Dollars*) dicen que no es obra española sino de un francés, acaso Paul Eluard. También anda abandonado el acróstico (poema donde las letras iniciales de cada verso componen una palabra) pese a sus dos mil años de Historia. Pero más triste aún es la suerte del cálepos, que pervive degenerado en torpes trabalenguas tras épocas de esplendor en que se aconsejaba su enseñanza a los niños para acostumbrarlos a pronunciar bien (Nebrija proponía en 1492 uno de los más instructivos: *Cabrón pardo pace en prado; pardiós, pardas barbas ha*).

En cambio no puede hablarse de decadencia del pangrama en nuestra lengua, donde no parece haber estado de moda como sí lo estuvo y está en inglés y en francés. Consiste en reunir todas y cada una de las letras del abecedario en una frase que tenga sentido y sea lo más corta posible. Con el alfabeto español el pangrama perfecto tendría 29 letras: no repetiría, pues, ninguna. Se dice que es imposible. Daremos un premio al lector que más se acerque a lo óptimo. Y no desprecien este ejercicio de concisión. Sólo juegan con las letras quienes aman las palabras, y con éstas quienes aman la literatura. Estos juegos son a la composición literaria lo que el tiro al plato es a la caza.

Con la desaparición de los estudios de retórica se han perdido las reglas que permitían el virtuosismo. Pero al subsistir el gusto natural del hombre por los juegos verbales, éstos, sin disciplina y sin tradición culta, se quedan en mediocres retruécanos. Si hoy naciera un segundo Quevedo no pasaría del Umbral.

(8 marzo 1986)

———————

Alquien que lleva treinta años apagándome faroles, don José Guillermo García-Valdecasas, se pitorrea de mis observaciones –trasladadas a la ligera del inglés al español– sobre el «pangrama perfecto», que «tendría 29 letras: no repetiría, pues, ninguna. Se dice que es imposible». Mi amigo apunta:

«No es que se diga: es que es a todas luces imposible porque, habiendo cinco vocales, cada una de ellas debería hacer sonar nada menos que cinco consonantes. Me parece que el máximo de consonantes por vocal es tres, como *plan.* ¡Observa que la tal frase sólo podría tener cinco sílabas!»

Touché!

163

Pausas que refrescan

¡Qué intensa emoción estética debe de sentir un analfabeto en Times Square!, decía Chesterton refiriéndose a los anuncios en la famosa plaza neoyorquina. El escritor inglés pensaba que los letreros en sí pueden resultar decorativos si se logra hacer abstracción de su contenido vulgar y necio, si tan sólo se fija uno en el trazo enérgico de las letras, sobre todo cuando lucen como ascuas en la noche. Puede que tuviera razón, puede que no. Algunos de los que somos iletrados en árabe no experimentamos la menor emoción ante la moruna publicidad: el neón de El Cairo y aun el venerable yeso de las suras en la Alhambra nos dejan fríos. Y eso que los arabescos son, por definición, fluidos y elegantes.

Como tampoco nos parece siempre tonto el contenido de los anuncios. El fondo del mensaje suele estar al borde de la estafa (si fuma usted esto o bebe aquello se llevará de calle al sexo opuesto) pero la redacción es mejor que la de la mayoría de los artículos periodísticos y discursos políticos. Por de pronto los anuncios son concisos y, puestos a mentir, más vale hacerlo con aplomo lacónico que con verborrea. No se olvide que *slogan* significa, en origen, *grito de guerra,* que tal voz busca exclusivamente animar a propios y amilanar a extraños, y que los que la profieren suelen ser gentes de pocas y contundentes palabras. Por eso cuando los partidos políticos quieren ser de verdad perentorios acuden si son ricos a las agencias publicitarias y si son pobres a la pintada. Los anarquistas, que son pobres, se especializan en afear los muros con hermosas machadas. En 1981 vimos dos muy distantes –la una estaba en Portonovo, Pontevedra, y la otra en Copenhague– pero no muy distintas gracias a su común y gallardo desprecio por la lógica. La pintada gallega decía *Hai que ir morrendo* y la danesa *Anarki eller kaos* («O anarquía o caos»). Ambas iban firmadas con la romántica «A» rodeada de una circunferencia. Tampoco carecía de vigor sugestivo aquel otro letrero anti-democrático: *Cuarenta millones de moscas no pueden equi-vocarse. Comed mierda.* Si literatura es «concisión eufónica que hace pensar», entonces esas pintadas y algunas frases publicitarias –o lemas heráldicos, o ciertos epitafios– con-tienen más y mejor literatura que la Prensa o los diarios de sesiones parlamentarias. Gracián hubiera preferido muchas de esas quintaesencias rupestres a los fárragos que hoy se imprimen.

El problema no es, pues, que el texto propagandístico sea malo –suele ser sólo mendaz o locoide, pero divertido al menos– sino que no está en su sitio. Por lo mismo que el transistor del dominguero está fuera de lugar en el monte –aunque toque la Sinfonía Pastoral– resultan odiosas la valla publicitaria y la pintada en el paisaje rural o urbano: porque abusan, porque nos obligan a ver o a oír cosas sin posibilidad de evitarlas. Lo que sería admisible y aun bien-venido en la itinerante pancarta, la pasable página de perió-dico o la apagable televisión no es de recibo al borde de la carretera o en la pared de una casa.

Es, además, ilegal. No nos referimos únicamente a las pintadas o carteles pegados en propiedad ajena, sino tam-bién a las vallas publicitarias, tan oficiales al parecer, y que tan sólida respetabilidad prestan al anunciante político o mercantil. Hace unos años, en una conferencia internacio-nal de Europa Nostra –asociación dedicada a la salvaguar-dia del patrimonio monumental y paisajístico de nuestro continente– se elaboró un informe comparando las legisla-ciones de los distintos países europeos en materia de publi-cidad exterior. La española prohibía –y suponemos que seguirá prohibiendo con más ahínco todavía en estos tiem-pos tan ecologistas– cualquier valla publicitaria a menos de 50 kilómetros de Madrid o Barcelona, o 25 kilómetros de una ciudad de más de 100.000 habitantes, o 15 kilómetros de una de más de 10.000, o un kilómetro de otra valla igual, o 200 metros de otra valla distinta, amén de proscribir cualquier anuncio en parajes de belleza natural o artística.

Total, que casi todas las vallas que vemos son ilegales.

¿A qué esperan los ecologistas para querellarse contra el Estado, las empresas y los partidos anunciantes, en lugar de gritar tanto contra la OTAN? ¿Por qué los periódicos, que están sin un duro, no exigen que se cumpla la ley y así ganarán en publicidad para sus páginas los miles de millones que los anunciantes gastan ahora en desfigurar el paisaje español? ¿Por qué TVE no hace lo mismo y así costará menos al contribuyente? El Estado está para velar, entre otras cosas, por el buen orden en nuestro entorno físico, no para gastar dinero subvencionando el papel prensa y la caja tonta. Mataría dos pájaros de un tiro si hiciese cumplir la ley.

Y de paso amenizaría nuestra diaria contemplación de los llamados medios informativos. A nosotros, por lo menos, nos hace más gracia el bien dotado toro negro del tal coñac o la última parida ácrata que tanta perorata periodística. Son la pausa que refresca.

(15 marzo 1986)

Moral y moralina

¿A que no recuerdan ustedes cuándo tuvieron por última vez la *conciencia sucia?* Hace años que sólo se tiene *mala conciencia.* Tampoco *remuerde* ya la conciencia, ni *escara-bajea,* ni tiene nunca un *gusano.* La vieja panoplia moral castellana, tan rica en imágenes animales e impuras, ha dejado paso a la asepsia del galicismo *mala conciencia (mauvaise conscience).* Hasta la supresión del artículo *la* refuerza el carácter abstracto del neologismo. Repugna menos, tras la pequeña traición o cobardía diaria, tener *mala conciencia* que sentir la *conciencia sucia.* Ha ganado la Diosa Razón, ha perdido la suntuosa variedad del lenguaje español barroco.

Lo curioso es que este empobrecimiento del vocabulario moral realista ha ido parejo con el uso creciente de términos morales abstractos en la vida pública. Nunca como ahora se habló tanto, desde la extrema izquierda hasta la extrema derecha, de *ética, honestidad* (sic, porque se rehúye el término concreto que sería *honradez* o *integridad), pluralismo, patria, honor.* Pero en llegando el caso práctico se seca la inspiración lingüística y empiezan la vaguedad y la confusión. No nos atreveríamos a sacar conclusiones de tan paradójica evolución, pero sí a citar algunos ejemplos.

Dimisión, destitución y *cese.* Es sabido que en este país no ha dimitido más de una docena de personas desde hace medio siglo. Dimitir consiste en salir de un despacho, voluntariamente y en general dando un portazo, por no estar de acuerdo con la superioridad. Es, pues, un acto moral. El *destituido,* en cambio, sale por voluntad ajena y casi siempre de un puntapié en las posaderas. Ambos personajes *cesan* en el cargo. La gramática es aquí de una claridad meridiana. Quizá por eso se haya considerado oportuno mitigar tanta crudeza con solecismos eufemísticos como «*Fulano ha sido cesado*» (por *destituido, depuesto* o *separa-*

do del cargo). Incluso se empezó a decir en broma «Mengano *ha sido dimitido»* y ahora comienza a decirse en serio. Mengano tan sólo puede *haber dimitido,* y ni aun así se convierte en *un dimitido,* sino en *un dimitente* o en *un dimisionario.*

Enfermedad política. El viejo término francés de *maladie diplomatique* (la indisposición pretextada para no acudir a un acto político) llevaba un siglo llamándose en España *enfermedad sagastina,* debido a la propensión de don Práxedes a dicha dolencia. Vemos con pena que el oportunismo que antes se atribuía a Sagasta por eponimia se hace ahora extensivo a todos los políticos, puesto que se dice *enfermedad política* en general («ABC», 1-3-86, donde sin embargo se señala una subespecie de esta afección: la *otanitis* o padecimiento que impide participar en debates sobre la OTAN).

De boca a oreja. La fea costumbre de propagar solapadamente bulos o consignas políticas –o de otra índole– se llamó siempre de *boca en boca* en castellano, mientras que en francés se dice *de bouche à oreille.* Acaso en catalán se use una expresión más parecida a la francesa que a la castellana, o tal vez se estén inventando nuevas caricias de seducción política. El caso es que la crónica de Barcelona aparecía en «El País» del 2-3-86 con el ominoso titular de «La militancia de CIU lleva a cabo una discreta campaña *de boca a oreja* a favor del no». Inquietante.

Con armas y bagajes. Don Gerardo Iglesias quiso descalificar moralmente a don Felipe González diciendo «el presidente del Gobierno se ha pasado, *con armas y bagajes,* a Reagan» («ABC», 11-11-85). Es una frase que ya sus camaradas del Partido Comunista francés aplicaron al presidente Mitterrand. Pero ellos tenían al menos el diccionario de su lado *(avec armes et bagages).* En español habría que haber dicho «se ha pasado, *alzándose con el santo y la limosna,* a Reagan». Hoy por hoy nuestra imaginería de santos es mejor que nuestro arsenal de armas.

Proyectos de futuro. Cuando reina la desconfianza hay que convencer a golpe de pleonasmo. Don Antonio Pedrol

Rius nos asegura («Ya», 6-3-86) que nunca trató con el ministro de Justicia de *proyectos políticos de futuro*. Pues ¿iban a ser *proyectos de pasado?*

Ya es hora de dejar al futuro sus proyectos, al pasado su conciencia sucia y al presente una pizca de rigor en el lenguaje. Y de no seguir confundiendo moral con moralina.

(22 marzo 1986)

Lenguaje corporal

El caso de la cagarruta adujada al revés es uno de los más notables que cuenta el almirante don Julio Guillén, académico que fue de la Española y de la de Historia. Sucedió hace siglo y cuarto en un buque de guerra. El barco –de vela– era como todos un prodigio de orden y limpieza. Daba gloria ver las cubiertas baldeadas y fretadas con escobas de brezo, los metales relucientes, los pertrechos dispuestos a la perfección. Lo más difícil –y vistoso– era adujar (enrollar, siempre hacia la derecha para que no tendiesen a deshacerse) los cabos (o cuerdas, para entendernos, aunque en un barco «no hay más cuerda que la del reloj»). La marinería bregaba ocho horas diarias en estas faenas y veía con malos ojos cómo la dotación de Infantería de Marina, protegida por su oficial, se escudaba en viejos privilegios para no pegar el callo. Así es que los infantes ni sabían ni querían saber de virguerías marineras. Cuando una mañana apareció junto a un cañón, en plena cubierta, el producto espiral de un desahogo del cuerpo, cundieron el pasmo y el escándalo. Todos se preguntaban quién se habría atrevido a semejante barbaridad cuando un contramaestre

173

aseguró: «Sólo puede ser uno de Infantería de Marina.» «¿Y usted cómo lo sabe?» «Pues porque está adujada al revés.»

Varias generaciones después los psicólogos americanos y gente del teatro pusieron de moda el *body language* o *lenguaje corporal,* manteniendo que con gestos y posturas se transmite tanta o más información y mensajes emotivos que con la palabra. Si así es, aviados estamos en España. El burócrata metiéndose el dedo en la nariz tras la ventanilla, el ordenanza con las manos en los bolsillos y la colilla colgando del labio inferior, el político repanchigado ante las cámaras de televisión parecen, en efecto, estar diciendo que se les da una higa el público y su propia función oficial. La verdad es que, contra lo que suele afirmarse, los españoles nunca –al menos desde hace un par de siglos– fuimos especialmente estirados o ceremoniosos, con excepciones como la Armada o los pastores castellanos. Pero en los últimos veinte años hemos alcanzado tales extremos de desfachatez en el porte y en el habla que estamos quedándonos francamente apartados del decoro todavía de rigor en Europa occidental (y oriental, por lo demás). ¿Se imagina alguien a los centinelas del Palacio de Buckingham paseándose de charleta como los que se ven desde la plaza de Oriente? ¿Se ha oído jamás a un periodista francés decirle al señor Mitterrand *Hola, presidente* en vez de *Bonjour, monsieur le Président?*

El *hola* universal es tan descarado, tan brusco, tan gruñido de arriero, que más parece *lenguaje corporal* que lenguaje de palabras. Antes sólo se empleaba entre niños o entre gente del bronce, luego pasó a ser signo de camaradería y ahora ha desterrado a los viejos *buenos días, buenas tardes* o *buenas noches,* usándose con desenfado incluso por el alumno al dirigirse al profesor o el guardia de la porra al alcalde. Es necedad tan general que los presentadores de la televisión no saben romper a hablar sin decir *hola.* Tres cuartos de lo mismo ocurre con el ubicuo *hasta luego,* que se prodigan aun los que desean con toda su alma no volverse a ver, ni luego ni nunca. Todavía hay aldeanos que se despiden con un majestuoso *vaya usted con Dios;* a los capitalinos, en cambio, les estorba hasta el escueto *adiós* y les ha dado por el mentiroso *hasta luego.*

Casi nada de esto tiene remedio. Estamos abocados a los modales de la chusma de galeotes o al *lenguaje corporal* de la gesticulante jaula de monos. Todo ello parece inevitable, salvo lo de las manos en los bolsillos. Bastaría para impedirlo con diseñar uniformes sin bolsillos en el pantalón. En cuanto al resto del moderno lenguaje corporal tan sólo cabe pedir a los que lo practican que adujen a derechas sus... bueno, sus exabruptos.

(30 marzo 1986)

Tontos en varios idiomas

Una de mis tonterías de juventud fue escribir un artículo titulado *Listos en varios idiomas,* hace veinte años. Pretendí contraponer a Ortega y Gasset –según el cual «hay quienes son tontos en varios idiomas»– una larga lista de autores que escribieron en más de una lengua, de listos en varios idiomas. Ortega afirmaba que «el tránsito a otro idioma no se puede ejecutar sin previo abandono de nuestra personalidad, y, por tanto, de nuestra vida auténtica. Para hablar una lengua extraña lo primero que hace falta es volverse durante un rato más o menos imbécil». Entonces aquello me chocó; ahora me parece acertado. Para colmo cometí el error de enviar, tan ufano, mi artículo a Madariaga, paradigma español de escritor políglota. «La raíz psicológica de la frase –me contestó– y aún más de la actitud que la inspira es que Ortega era un pésimo lingüista. Yo me encontré, circulando por Alemania, que cuando él *hablaba* en alemán no lo entendían.» Lo malo es que el epíteto *tonto en varios idiomas* lo había acuñado Ortega, en una tertulia, para aplicárselo precisamente a Madariaga, según dicen. Yo no lo sabía, pero Madariaga seguro que sí. Cuando a las pocas semanas averigüé el origen de la frase fui yo quien me sentí muy tonto, comprendiendo que había ido a mentar la soga en casa del ahorcado.

Circunstancia atenuante de aquella sarta de desatinos filopolíglotas es que yo andaba enamorado a la sazón de una danesa casada con un sueco y escritora en inglés, conocida en el mundo como la baronesa Blixen y en las letras como Isak Dinesen. Amoríos platónicos y unilaterales, entre otras razones porque ella ya había muerto. Pero el caso es que mi admiración por la llamativa cosmopolita, surgida cuando leí su única obra buena, los *Siete cuentos góticos,* no hizo sino acrecentarse durante un par de años que pasé en

Africa, donde cegado por el sol llegué a creer que compartía el romanticismo mediocre de sus dos libros sobre Kenia. Luego empezaron a asaltarme dudas. Aquel idioma inglés exquisito que escribía la danesa, ¿sería elegancia pura o amaneramiento? Creo recordar una carta del joven Aldous Huxley al ya maduro Paul Valéry advirtiéndolo contra los peligros de admirar demasiado la poesía de Poe porque, venía a decir, los extranjeros pueden pasar por alto un fallo poético que sólo se descubre en la lengua materna: la cursilería sutil. ¿Podría ocurrirnos eso a los lectores de Dinesen? Peor aún, ¿le habría ocurrido a la propia autora al escribir en inglés, lengua extranjera? Por último, su llanto continuo por la extinción de los valores de la Europa aristocrática e internacional anterior al siglo XX, ¿era genuina nostalgia o pretexto estético? Sobre todo, ¿quién demonios era esa señora?

Pasó el tiempo, leí un par de biografías de ella, viví cinco años en Dinamarca, conocí su ambiente, hablé con quienes la habían tratado y llegué a la conclusión –parafraseando a Cocteau sobre Víctor Hugo– de que la baronesa Blixen era una loca que se creía la baronesa Blixen. Lo que más me puso la mosca detrás de la oreja fue comparar su constante elegía por la nobleza con el enfoque dado al mismo tema literario por Victoria Sackville-West en Inglaterra, Lampedusa en Italia, Jean d'Ormesson en Francia, Lorenzo Villalonga en España o Lernet-Holenia en Austria. Donde éstos mezclaban la pena del *sic transit gloria mundi* con cierto pudor irónico –quizá porque pertenecían por nacimiento a esa clase social crepuscular– ella adoptaba posturas con ribetes exhibicionistas, acaso por haber accedido a la nobleza de otra manera. Claro que la operación de esculpir su propia medalla con perfil aristocrático le salió muy bien. Se la rifaban los progres de facultad daneses, que, como me decía cierto profesor de Copenhague, «no habiendo visto en su vida a una señora, cuando apareció esta mujer teatral recordaron haber leído novelas baratas francesas donde siempre figuraba una condesa balcánica de este estilo, y pensaron *esto sí que es una* **grande dame**».

En cuanto a su época africana, debió de ser más o menos como la cuenta la película de los siete óscares, *Memorias de Africa*. El paisaje y la fauna, aunque muy deteriorados por la explosión demográfica y por la caza furtiva desde que se fueron los ingleses, siguen siendo espectaculares en la fotografía. Meryl Streep representa bien su personaje, llegando a imitar el acento danés. En cambio Robert Redford resulta poco verosímil haciendo de Denys Finch-Hatton. Visconti supo en *El Gatopardo* convertir a un saltimbanqui americano, Burt Lancaster, en un príncipe siciliano; Pollack no ha logrado disfrazar a este otro yanqui sanote y simpático de hijo del decimocuarto Lord Winchelsea, producto de Eton y Oxford, iniciador de la danesa en el griego clásico y Stravinsky. Tampoco acierta el director al atribuir a la heroína leves resabios de socialdemócrata escandinava: si la Blixen defendió en ocasiones a los africanos es porque encontraba más aristocrático al guerrero masai que al tendero británico, y si aborrecía a los nacionalsocialistas hitlerianos es porque los consideraba unos horteras rojos.

En todo caso, *Memorias de Africa* es, como los sueños de su protagonista, un espléndido sucedáneo para la clase media frustrada. Se comprenden los óscares, pero sigue pareciendo tan peligroso llorar lo que nunca se tuvo como escribir en idioma ajeno.

(12 abril 1986)

El SHIT

Al español le va la marcha, al menos en el terreno de la hipérbole. Si no le golpean con fuerza la imaginación no reacciona. Cuando un inglés quiere decir que algo le resulta incomprensible, asegura *it's all Greek to me*. Un francés va más lejos y dice *c'est de l'hébreu pour moi*. Pero un español, sin duda convencido de que el griego o el hebreo parecerían lenguas sencillas a su interlocutor, se ve en la obligación de afirmar *para mí es chino*.

Bien es verdad que la búsqueda de superlativos nuevos y cada vez más desaforados es fenómeno común a todas las lenguas. La noción de lo *óptimo,* por tomar un ejemplo, despierta en los franceses una insospechada vena surrealista y llegan a decir en *argot* de algo muy bueno que es *vachement chouette* (vacamente lechuza). Los ingleses se lo toman a la tremenda y dicen que es *terrific* (terrorífico). Son, sin embargo, los españoles los que más truculencia, pansexualismo y blasfemias –más imaginación pervertida, en suma– derrochan en los sinónimos de *óptimo: brutal, bestial, cojonudo, de puta madre, la leche, la hostia.* Aun sin caer en la grosería hay en el castellano popular mil maneras pintorescas de decir de alguien o algo que es *excelente: fuera de serie* (hace treinta años estaba en boga como sustantivo y en el sentido de *superdotado;* solía aplicarse a los empollones que sacaban más de una oposición, aunque después no hicieran otra cosa que vegetar), *de película* o *de cine, chulísimo, guay* o *moloncio.* Este adjetivo –como su verbo de origen, *molar*– es el último grito entre los jóvenes. Sus bisabuelos introdujeron *as,* probablemente por influjo del nombre dado a los grandes pilotos de la primera guerra mundial. De la misma época, aunque no estamos seguros, debe de ser el ya desusado *superferolítico,* que empezó sien-

181

do un tanto peyorativo (significaba delicado o fino en exceso) y terminó en alabanza.

Este proceso de exageración creciente en el encomio encierra una doble paradoja. En primer lugar que cuanto más extremoso y estrafalario sea el neologismo menos dura. *Extraordinario* lleva vigente cinco siglos, *fetén* se usó unos años. Por la ley del rendimiento decreciente la desmesura progresiva tiende a cansar. Y al ser cada vez más difícil superar la enormidad de moda aparece el Síndrome de la Hipérbole Inalcanzable Totalmente (SHIT). Algunos jóvenes de hoy, los más modernos, recurren –presas del SHIT– a la hipérbole moderada, y valga la contradicción. Califican cuanto los asombra de *demasiado (demasié* en cheli), *grande, importante* o *total.*

La segunda paradoja es que una lengua tan rica en términos de encomio pertenezca a un pueblo tan reacio a reconocer la excelencia. «Yo he observado en muchos españoles cierto desvío enojado a reconocer distancias infinitas entre unos hombres y otros de sabios, de héroes, de poetas», apuntó Ortega y Gasset. Don José apreciaba mucho a los *egregios* (una de sus palabras predilectas) y sufría con «esa manera celtíbera de sentir la democracia como nivelación universal». ¿Qué hubiera pensado de la nueva moda de usar *elitista* como insulto? Si *elitista* es quien aspira a la perfección en sí mismo y en los que lo rodean, ¿qué hay de malo en ello? El término empieza a emplearse como reproche en todo lo relacionado con la educación. Será que los que lo usan no desean, cuando acuden al dentista o a un restaurante, que los responsables de la faena hayan pasado respectivamente por escuelas de odontología y de cocina muy *elitistas.* Pero suena a recriminación hipócrita y en cierto modo recuerda a la que espeta un historiador marxista a otro que no lo sea, cuando éste alega hechos fehacientes que no convienen a aquél: «Ha caído usted en el *objetivismo burgués».*

Claro es que la culpa de estos embrollos dialécticos –mezcla de Kafka y Jardiel Poncela– la tienen quienes, acoquinados, no se atreven a contestar: «Sí, señor. Soy un *elitista* y he caído en el *objetivismo burgués*. Pero no he caído, como usted, en el SHIT».

(19 abril 1986)

«*Das kommt mir Spanisch vor* (eso se me antoja español) dicen los alemanes cuando algo les parece extraño, incomprensible o incluso sospechoso», me escribe doña Erika Holweg a propósito del primer párrafo de este artículo. Lo completa, creo, y hace pensar que los alemanes no sufren del SHIT, al menos cuando usan comparaciones tan realistas.

Fiat lux

Nunca aconsejaría a progres ni a pacatos leer el comienzo del Génesis. La alternancia de tinieblas y relámpagos cegadores produce una belleza estremecedora, a penas contemplable. Comprendiéndolo, las diversas iglesias cristianas se han dedicado en estos últimos tiempos a descafeinar éste y otros textos bíblicos, para no turbar con el *mysterium tremendum* los recitales de guitarra eléctrica que los curillas de *chandal* dan a sus amables feligreses, la *hermosa gente*.

La tajante concisión del latín hacía, por supuesto, de la Vulgata la versión más dramática y deslumbrante. *Fiat lux. Et facta est lux* (Génesis, I, 3), esas seis palabras cosmogónicas dichas precisamente así y así puntuadas, tienen tal fuerza, misterio y belleza que George Steiner efectuó el ejercicio literario de compararlas con sus respectivas traducciones al inglés, francés, italiano y alemán. Ninguna alcanza el sobrio esplendor del latín de San Jerónimo, tan fiel, por lo demás, al original hebrero. En francés *(Que la lumière soit; et la lumière fut)* resulta demasiado intelectual, en inglés *(Let there be light: and there was light)* la desaparición del punto resta dramatismo, en italiano *(Sia luce. E fu luce)* aunque más lapidario aún que en latín –cinco palabras en lugar de seis– la fonética vuelve musical lo que debería ser imperioso... En cuanto al español, que Steiner no menciona, yo he cotejado siete versiones castellanas y cuanto más modernas peores parecen. *Sea la luz. Y fue la luz* (Biblia de Ferrara, 1553) se acerca a la formulación ideal de la Vulgata. *Sea hecha la luz. Y la luz quedó hecha* (Torres Amat, siglo XIX) es feo y prolijo. *«Haya luz»; y hubo luz* (Nácar Colunga, 1951) podría haber sido la mejor versión gracias a que prescinde del artículo, pero es la peor por culpa del entrecomillado de las palabras propiamente divinas –moda reciente también en inglés y francés– y porque la substitución del punto por un débil punto y coma, sin duda para dar inmediatez al efecto taumatúrgico, destruye el pasmo pavoroso, la pausa seguida del trallazo que buscaba el punto.

Cuando hace años se anunció en Inglaterra el proyecto de «actualizar» el lenguaje religioso (para «hacerlo más asequible al pueblo») abandonando la vieja y rica prosa del *Book of Common Prayer* (de 1552) y de la versión del Rey Jacobo I de la Biblia (1611), los más prestigiosos escritores ingleses –de derechas y de izquierdas, creyentes, agnósticos o ateos– firmaron un curioso manifiesto en el que se oponían a tal medida alegando que privaría al proletariado británico de su único contacto habitual con la belleza artística: el espléndido inglés litúrgico. So pretexto de acercar la religión al pueblo se arrebataba a éste buena parte de su cultura, acercando el día ominoso de la implantación del *Basic English* de mil palabras.

Nadie, en cambio, lamentó en España por motivos lingüísticos la desaparición de los catecismos de Astete y Ripalda. La mayoría de los españoles ni siquiera sabía que ambos jesuitas –el P. Gaspar Astete (1537-1601) y el P. Jerónimo Martínez de Ripalda (1535-1618)– eran autores de nuestro Siglo de Oro. Hubiera, sin embargo, bastado para adivinarlo con reparar en su estilo elegante y preciso: «¿Qué cosa es envidia?» «Tristeza del bien ajeno» (Ripalda). Un moderno escritor mediocre había dicho: «Desear lo que es de otro». Quizá la Inquisición no lo hubiese quemado por confundir codicia con envidia; yo sí por imprecisión y torpeza de estilo.

Pues bien, de vaguedades verbosas y torpezas está repleto el catecismo escolar hoy vigente *(Pueblo de Dios,* Editorial de la Conferencia Episcopal Española, 1983). Es unas cinco veces más extenso que el Ripalda, sin contar las fotos progres y folclóricas (en una de ellas se ve a unos borrachos pitando con matasuegras y debajo se lee: «La Iglesia tiene un futuro: el Reino de Dios»). A veces dice cosas tan inconsecuentes que hace sospechar que hoy en los seminarios no sólo no se enseña gramática, sino tampoco lógica. Por ejemplo: «Las palabras signo y símbolo las usamos indistintamente, pero con un matiz diferente».

Todo esto está muy lejos del verbo cortante y puro de San Jerónimo. Si la cosa es como para que un agnóstico se eche a llorar, ¿qué no tendría que hacer un cristiano practicante?

(3 mayo 1986)

————

Un año más tarde, en 1987, se publicó en Madrid el libro *Catecismo de Astete y Ripalda,* edición crítica preparada por Luis Resines. Este parece poco consciente de que está manejando dos textos clásicos de insólita hermosura y exactitud. Pero es de agradecer su labor; nos permite de nuevo acceder a estas obras maestras.

Resurrecciones necesarias

España es el único país occidental que en los últimos cincuenta años no ha sufrido escándalo alguno de espionaje oriental por infiltración de agentes en la Administración civil o militar. Esta aparente inmunidad es muy comentada por los peritos en la materia, quienes, por supuesto, no se la creen: arguyen que si no ha habido escándalo es porque no hemos podido o querido desenmascarar a los agentes. No siempre fue así. España tiene una vieja tradición en este campo pantanoso y convendría, para empezar a ver claro, desenmohecer ciertos vocablos acaso aún más útiles hoy que ayer.

Espía es voz muy antigua e internacional, de origen germánico (no se sabe si oriental u occidental). Ya en la Edad Media se usaba, aunque en competencia con los términos *barrunte* y *barruntar* (*espía* y *espiar*). Al alborear el siglo XVII el oficio estaba tan diversificado que Covarrubias ha de distinguir entre *la espía* («el que anda disimulado entre los enemigos para dar aviso a los suyos»), el *espión* («el que va secretamente siguiendo a uno sin perderlo de vista y da aviso de lo que hace, dónde está y dónde va») y la *espiadoble* («el que sirve falsamente a ambas partes, descubriendo igualmente los secretos de los unos a los otros. Es muy antiguo el usar de las espías y el gasto que hace con ellas queda a confianza del que las envía, porque éstos no firman el dinero que reciben ni se sabe quién son, ni sus nombres, por no ser descubiertos. Y así, pidiendo cuentas al Gran Capitán, dio una gran partida de lo que se había gastado con espías, y como de esto no se puede mostrar carta de recibo de las partes, hase de estar a lo que dice el capitán»).

Prueba de la importancia en aquel entonces de estas tareas es el sonoro título de *Espía Mayor y Superintendente de la Correspondencia General de las Inteligencias,* ostentado por quien –prueba después de su decadencia– pasó en

1626 a llamarse *Conductor de Embajadores* y más tarde *Introductor de Embajadores,* cargo que aún existe y es el más antiguo de nuestra burocracia. Piénsese que si la sucesión administrativa –y nuestro meguante interés por estas materias –hubiesen seguido otros derroteros, el actual director del CESID podría llamarse hoy *Espía Mayor,* lo que acoquinaría a la misma KGB.

Otra palabra que a estos efectos cumple resucitar es *íncubo.* Se ha dicho hasta la saciedad que la fuerza poética del castellano sufre al tener que usar el desdichado término *pesadilla,* con sus ridículos ecos mixtos de *peladilla* y *pesadez.* Es cierto que *pesadilla* es nombre poco afortunado para trance tan horrible como quiere designar, y que mal puede competir en dramatismo y eufonía con el substantivo francés *cauchemar* o el inglés *nightmare.* Ahora bien, se olvida que el Diccionario sigue ofreciéndonos una alternativa no por antigua menos evocadora y medrosa: *íncubo,* definido en su segunda acepción como «sueño intranquilo o angustioso». Tiene, además, la ventaja de traer a la mente el recuerdo del mismo vocablo en su primera acepción: «el espíritu, diablo o demonio que, según la opinión vulgar, tiene comercio carnal con una mujer, bajo la apariencia de varón». Incluso evoca al *súcubo,* que es lo mismo pero en hembra. *Vampiro* y *vampiresa,* para entendernos. No se puede pedir vocablo más siniestro, pues, que *íncubo.*

Una última resurrección propongo, la de *quillotro.* Viene de *aquello otro* y era, según Juan de Valdés, «arrimadero para los que no sabían o no se acordaban del vocablo de la cosa que querían decir». O sea, un comodín como hoy *tema,* pero con la gracia adicional de significar también *amigo* o *amante.*

Así pertrechados con vocabulario redivivo podríamos titular una noticia de periódico: *El quillotro de las espiadobles, íncubo del Espía Mayor.* Quizá la gente se lo tomaría más en serio que su traducción al lenguaje moderno: *El tema de los agentes infiltrados, pesadilla del CESID.*

(22 noviembre 1986)

190

El tonto español

Pocas cosas urgen tanto como revisar la tipología del tonto español. No se trata de repetir la magistral enumeración de Cela (tontos *revientatinajas, capacanes, pesaleches,* etcétera). De esos tontos folclóricos quedan ya pocos en España. Lo de ahora es menos pintoresco, pues el achatamiento general de la sociedad moderna ha alcanzado hasta a los tontos, que, perdida su antigua condición individualista y variopinta, tan interesante, se agrupan hoy en unos pocos aunque enormes rebaños, grises y aburridos. En cambio hay que reconocer que los tontos, si menos originales, son hoy más abundantes que nunca.

No es que se den fenómenos nuevos de estupidez nacional. Tan no es así que para designar con precisión a las pocas categorías subsistentes de idiotas basta con antipocar viejas palabras del Diccionario. En definitiva casi todos los tontos pueden hoy empadronarse en uno de estos cuatro registros:

Tonto priado o *apriscado. Priarse* quiere decir «corromperse una cosa» y *apriscar* es «meter el ganado en un aprisco o redil». Ambos vocablos tienen tempestivas resonancias mejicanas: ya se sabe que el PRI (Partido Revolucionario Institucional, notable *contradictio in terminis*) pastorea a varios millones de hispanoaztecas corrompiéndolos con mordidas y mamandurrias o embaucándolos con retórica revolucionaria. En España los *tontos aPRIados* y los *aPRIscados* suelen ser de izquierdas, antiguos idealistas algo miopes que se han afiliado al nuevo Movimiento.

Tonto bogavante. Mayormente afiliado a la Movida sin que ello excluya el Movimiento. No viene su nombre del sabroso crustáceo, sino del bogavante «primer remero de cada banco de la galera». Es traducción del tonto inglés *trendy,* o sea el que sigue la corriente cultural a toda costa. Se comprende que para eso deba a veces remar como un galeote, máxime si ha de hacerse perdonar el ser burgués. El *tonto bogavante* es siempre *progre*.

Zorrocloco. «Hombre que parece bobo pero que no se descuida en su utilidad y provecho.» Es de los que diciendo «ande yo caliente, y ríase la gente» deja la política en manos que tarde o temprano le harán pasar frío. Acostumbra ser centrista o apolítico. Me enseñó la palabra cierto Ministro que fue de la Corona, nada bobo él.

Listo sin estimativa, es decir *tonto del bote*, puesto que *estimativa* además de significar «buen juicio o criterio» es «el instinto de conservación de los animales». Los *listos sin estimativa* hacen brillantes análisis irisados de matices ideológicos («yo tengo un substrato democratacristiano», «mis *posicionamientos* son básicamente liberales», «busquemos una derecha moderna»), muy útiles para los libros de texto del siglo XXI. Son conservadores, pero como carecen del instinto de conservación no conservarán nada.

Además de estos arquetipos habría que reseñar varias subespecies de tontos. De singular interés para los que leemos exámenes escritos es el *tonto cacógrafo* (cacografía es «ortografía viciosa»), el cual a veces pone tal entusiasmo e imaginación en su perversidad que llega a parecer un sado-masoquista vulgar, sin la gracia espontánea del memo. Y todos en la vida llevamos la cruz de tener cerca a algún *tonto onfálico* («relativo al ombligo»). Es éste un tonto muy peculiar, que puede no estar desprovisto de un algo o un mucho de inteligencia, esterilizada empero por su obsesión por el propio ombligo vital.

Tan sólo un neologismo conviene admitir, como resumen y colofón de la tontería nacional: la *loquitud*. La palabra acaba de ser acuñada por la Fábrica Nacional de Moneda y Timbre (muy propio) mediante una errata en un sello, y advertida en carta al *«ABC»*, 9-11-86, por un perspicaz lector. No estoy, sin embargo, de completo acuerdo con dicho lector. La *loquitud* del loco español no es esencia tan nacional como la *negritud* del negro senegalés, porque en el Senegal quedan muchos negros y en España pocos locos. Antes, sí, cuando los españoles cruzaban océanos y cordille-

192

ras embutidos en hierros, y encima escribían sonetos como Quevedo y pintaban cuadros como Velázquez, entonces se podría haber inventado la *loquitud* como superlativo hispánico de la *locura*. Pero ahora, si la FNMT quiere acuñar algo más que monedas devaluadas, mejor hará en crear el neologismo *tontitud* como grado supremo de la *tontería*.

(29 noviembre 1986)

———

Los tontos siguen fascinando a los españoles, quizá porque solemos ser listillos. Este artículo suscitó no pocas apostillas. Dos ex-ministros de UCD, don José Pedro Pérez-Llorca y don Sebastián Martín-Retortillo, me reprocharon amistosamente haber incluido a ciertos centristas entre los zorroclocos. De nada me sirvió señalarles que también había calificado de listos sin estimativa a muchos derechistas y de tontos bogavantes a muchos izquierdistas.

El profesor Llavero me hizo llegar (por carta del 4-12-86) pertinentes precisiones sobre el tontiloco, «una realidad psicopatológica y sociopolítica en nuestra época; algo más y distinto que la simple suma de un poco de tonto y un poco de loco». Y doña María Dolores Vila-Coro me escribió el 4-12-86 sugiriendo la conveniencia de que los tontos se sindiquen y ostenten obligatoriamente un distintivo de grupo, y así los demás puedan huir o hacer acopio de paciencia. La cosa sería tan útil que dudo que la Constitución lo permita.

193

Catapulta en clave de futuro

Si para mitigar el paro y la delincuencia quisiéramos de verdad impedir la inmigración de ciertos extranjeros indeseados bastaría con exigirles la clásica prueba del conocimiento necesario de nuestra lengua nacional: los moros no entrarían porque no saben español y los hispanoamericanos porque lo saben demasiado bien. De estos últimos tan sólo se colarían los que abandonasen el castellano por el *papiamento* (de *papear,* «hablar confusamente») jerga pobre y borde que, contra lo que cree el Diccionario, ya no se habla en el Caribe, sino entre burócratas, políticos y periodistas madrileños.

Acaso por similar necesidad camaleónica, don Augusto Roa Bastos, otrora claro escritor paraguayo, y por supuesto nunca indeseado, se ha puesto a escribir en papiamento nada más obtener la nacionalidad española. Cita con admiración extática (en el séptimo número de la revista *América 92)* cierto discurso pronunciado en muy alto lugar, y redactado por sabe Dios qué cacógrafo, que propone a los pueblos hispánicos la misión de «dinamizar el destino creador del continente a través de los hechos trascendentales iniciados por el Descubrimiento como una catapulta en clave de futuro». *Catapulta en clave de futuro* no quiere decir nada, aparte de ser, ya que no una octava real, sí, suprimida la sinalefa, un *endecasílabo regio,* por fortuna tan apócrifo como un texto del «Boletín Oficial del Estado».

En cambio sí quiere decir algo, aunque mal, otro párrafo del mismo artículo de Roa: «Tiempo llegará en que el aniversario del 12 de octubre cambiará su denominación de *Día de la Raza,* perimido concepto que envuelve además connotaciones equívocas marcadas por nefastas experiencias totalitarias». No es que tal tiempo llegará, es que ha llegado hace años (oficialmente en 1984). El pasado 2 de noviembre el *ombudsman* del diario «El País» hubo de disculparse, tras una carta airada acusándolo de racista, por haber usado dicho término vitando. A mí lo que me parece es cursi, y felizmente en desuso, pero de racista, nada. Cualquier persona culta o que sepa manejar el Espasa sabe que la Fiesta de la Raza cobró carácter oficial por Real Decreto de 1917, siendo presidente el liberal Dato, y que la idea había nacido poco antes y simultáneamente a ambos lados del Atlántico, en cuya orilla occidental un prócer la había resumido diciendo: «Nuestro idioma común y nuestra *raza común* constituyen nuestra fuerza común». Retórica vana, sin duda, pero bien ajena a pruritos de pureza racial. La supuesta *raza común* engloba desde negros retintos hasta blancos albinos, pasando por cafés con leche, cobrizos y amarillentos: la pesadilla de los racistas auténticos como los nacionalsocialistas hitlerianos o los paneslavistas soviéticos.

Basta para convencerse de ello con ver en la misma revista el comentario de Julio Caro Baroja a las famosas series de cuadros peruanos en que aparecen, ataviados a la usanza del siglo XVIII, diversas parejas en actitud hogareña y apacible, cada una con un niño y cada escena bajo un rótulo del estilo de «Mestizo con Yndia producen Cholo» o «de Mulato y Mestiza nace Cuarterón» (en ésta el cuarterón parece un San Juan Bautista niño de Murillo y enseña las nalgas mientras su madre, una especie de pálida Magdalena con gargantilla de perlas, le cambia los pañales, su padre, feo y bonachón zapatero, lo distrae con una flor, y una collera de tórtolas se arrulla). Con tener infinita gracia las escenas, lo mejor son los nombres de los distintos productos del mestizaje: *calpamulato, saltoatrás, albarazado, tornatrás, lobo, tentenelaire, combujo, cuatralvo* o *no te entiendo.* No sé si las *ínclitas razas ubérrimas, sangre de Hispania fecunda* de Rubén Darío son poesía o cursilería, pero el vate acertó en lo de *fecunda.* Con un personal así, ¿cómo vamos a ser racistas?

Pero dejemos la última palabra a uno de los pocos señores corteses y afables de la política española, el viejo senador socialista don José Prat, quien, también en *América 92,* contesta a la inane pregunta «¿Usted cree que Latinoamérica (sic) está creando su propia cultura?» con estas palabras de dulce optimismo: «Sostengo que sí, pero se trata de la cultura hispanoamericana, se trata de que se crea el castellano en los dos mundos. Mire usted, la lengua española es la unidad». Dios dé al señor Prat muchos años más de vida, pero no tantos como para que tenga que ver el triunfo definitivo del papiamento en España y la subsistencia precaria del castellano en algún remoto valle andino, hablado por una pareja heroica de *notentiendos*.

(6 diciembre 1986)

En 1987 salió el *Léxico del mestizaje en Hispanoamérica*, de don Manuel Alvar, que reseña de manera tan exhaustiva como amena 82 términos –con 240 acepciones– descriptivos de la tropa variopinta. Además de los nombres citados explica otros muchos, tan sugestivos como *lunarejo, ochavón, sacalagua, lobo, tentempié, mediopelo* y *ahí te estás*. Por cierto que este último es hijo de *coyote* y *mulata*. ¡Ahí es nada, nacer *ahí te estás!*

Cotorras

Las barbaridades que los políticos hacen con nuestro idioma sólo son comparables a las que hacen con nuestro dinero. No es de extrañar que ambas riquezas anden tan devaluadas. Un amigo mío oyó, el 8 de junio pasado, en el tren de Valencia a Madrid (que por cierto se llama *intercity,* y ya son ganas de cursilería cosmopolita), una conversación entre dos mandamases de nuestra política educativa, de los que deciden de las becas. El uno decía al otro, refiriéndose a un tercer jerifalte, «tiene tantos cargos que está *polidisperso* y hecho un *obelisco».* Se comprende que esos *obeliscos-basiliscos* sólo den becas a sus amiguetes disléxicos y a ser posible analfabetos.

El único consuelo es pensar que en todas partes cuecen habas. En China las cuecen con salsas aún más raras. *The Economist* (15-11-86) revela que durante veinte años Radio Pequín ha estado transmitiendo sus boletines de noticias en ruso al revés, es decir, que grababan una cinta y luego la reproducían empezando por el final. Naturalmente el resultado era incomprensible salvo para los radioescuchas que se molestaban en efectuar la operación inversa, quienes podían entonces entender los barrocos dicterios antisoviéticos («víboras lúbricas revisionistas», «perros social-imperialistas», etcétera).

Lo que antecede puede parecer extravagante pero acaso sea digno de que lo imiten nuestros políticos. El papiamento que éstos hablan es tan obscuro y a la vez aburrido (salvo cuando caen en los tacos, lo único que se les entiende) que preferiríamos oír sus ruidos patrióticos del revés: resultarían del todo ininteligibles, pero al menos cobrarían cierto gracejo enigmático, como el dulce piar de los pajarillos.

En cambio lo de ahora suena a media lengua de cotorras. Lo demuestra, suponemos que sin querer, el letrado mayor de las Cortes Generales, don Luis María Cazorla, en un reciente librito titulado «La oratoria parlamentaria». Esta obra tiene en común con «La ciencia española» de Menéndez Pelayo y con «Los jardines de España», de la marquesa de Casa Valdés, el que acaba probando involuntariamente la inexistencia del tema objeto de estudio. En nuestro país, al menos durante medio milenio, no ha habido jardines o ciencia parangonables a los del resto de Europa. En cambio, la oratoria –sacra, política, militar, académica– fue tan buena o mejor que en el extranjero. Pero ahora brilla por su ausencia, sobre todo entre los políticos, como se desprende del libro del señor Cazorla, con sus discretas quejas sobre la ignorancia y pedantería de nuestros tribunos. Es fácil atribuir tal decadencia al régimen político anterior, pero esa interpretación no explicaría por qué también hablan cada día peor los abogados, los opositores o los periodistas. La verdad es que es cosa de generación: los españoles de menos de cincuenta años –entre los que me cuento sin orgullo– no han aprendido a expresarse con corrección en el colegio ni en la Universidad. Y como tampoco se les ha enseñado mucho de otras cosas, lo que dicen en sus discursos suele ser tan vano en el fondo como en la forma. No perderían mucho reproducidos al revés y sí ganarían alguna eufonía misteriosa.

No quisiera, empero, insinuar que todos los políticos españoles, sin excepción, son iletrados. Algunos mirlos blancos hay posados en distintas ramas o partidos. Un día, al poco de abandonar don Leopoldo Calvo Sotelo la Moncloa, hojeaba libros aquél en una tienda cuando entró otro cliente diciendo que debía emprender viaje a Roma esa misma tarde y no quería hacerlo sin llevarse un soneto clásico que empieza *Buscas en Roma a Roma, ¡oh peregrino!* Pero no recordaba el libro ni el autor. Urgentes consultas entre los empleados de la librería. ¿Sería de Garcilaso, de Góngora, de Cervantes? No, terció el ex-presidente, es de Quevedo y está en «El Parnaso español». Pasmo general, agradecimiento efusivo del peregrino y, al ir don Leopoldo a pagar «El nombre de la rosa», que se llevaba, obsequio del viajero curioso: «Déjeme regalárselo». «Gracias. Es el primer dinero que gano desde que dejé el Gobierno», contestó el mirlo blanco.

No todo iban a ser cotorras y urracas.

P.D. El otro día cometí un error ridículo en estas páginas. Ya cantaré la palinodia. Por ahora ustedes perdonen.

(13 diciembre 1986)

Con perdón

El lenguaje suele revelar la idiosincrasia nacional, pero no siempre. Así, un observador superficial podría quedarse con la impresión de que los españoles son unos monstruos de altanería, pues nunca piden perdón, y los ingleses unas hermanitas de la Caridad, siempre con el *I'm sorry* a flor de labios para excusarse. Nada más lejos de la realidad. Y ello no porque sea cierto el viejo dicho castellano *todos somos hijos de Dios* (a lo sumo metáfora optimista), sino porque *todos somos hijos de Caín,* y eso sí que está acreditado en la Biblia (véase el «Génesis», IV, 17-24, V y VI) y por la experiencia diaria. A todos los humanos se nos da una higa el prójimo, todos pensamos «¿acaso soy el guardián de mi hermano?» Lo que pasa es que los ingleses tienden a la hipocresía y lo ocultan, y los españoles al cinismo y lo exhiben.

El caso es que los extranjeros comentan la incapacidad española de decir «me equivoqué y lo lamento» o «te he hecho daño, perdóname». Es cierto que hasta la expresión española *pedir disculpas* es equívoca: puede significar pedir a alguien que se disculpe o pedir a alguien que lo disculpe a uno. Pero da igual porque en ambos casos se topará uno con las levantadas cejas de la dignidad ofendida. También es verdad que en España tiene ecos épicos la frase *sostenella y no enmendalla,* mientras que su equivalente en el mundo anglosajón, *I never apologise,* resulta tan cómica que Shaw la empleó para hacer reír con uno de los personajes de *Arms and the man.* A nosotros nos cuesta Dios y ayuda reconocer un error o haber agraviado a alguien, y ello por igual en los lances cotidianos más nimios (el pisotón en el Metro, el coche mal aparcado que bloquea a otro, etcétera) y en las injurias más graves de una vida. Donde un inglés hubiera exclamado al instante y con hipócrita desenvoltura *I'm sorry* nosotros apretamos los dientes y gruñimos con montaraz sinceridad.

Pues ¿qué decir de los franceses? Tanto les gusta excusarse de boquilla que, si tras muchas zalemas pasan los primeros por una puerta, dirán *pardon,* cuando un español cortés diría *gracias.* Incluso acuden como sinónimo al «estoy desolado», prodigio de cortesanía hiperbólica. *«Monsieur,* está usted pisándome el dedo gordo». *«Désolé»,* y sigue pisándoselo. No en vano fue un francés, el Duque de La Rochefoucauld, quien dijo que «la hipocresía es un homenaje que el vicio rinde a la virtud». Ojalá los españoles fuésemos más hipócritas. Tendríamos mejores modales y la convivencia entre nosotros sería menos áspera.

Con suerte, algo de eso ocurrirá en breve. Según el semanario «Tiempo» (8-12-86), «en Barcelona se acaba de crear la primera academia de usos, modos y costumbres (...). Ha nacido bajo el auspicio de la Asociación de Jóvenes Empresarios de Cataluña y de hecho está dirigida para enseñar buenos modos a ejecutivos». Muy bien –piensa uno al leer esto– por fin los tales ejecutivos aprenderán a decir *por favor* y *perdón* antes y después de robar. Pero entra la duda con el siguiente párrafo: «El curso cuesta 75.000 pesetas al mes e incluye doce clases prácticas. En el curso básico se enseña fundamentalmente a comer bien, además de algunos temas de protocolo.» ¿Cómo? ¿Será esto otra estafa como la de la educación sexual, que pretende cobrar por enseñar lo que la Naturaleza dejó bien claro en el instinto? ¿Quién va a necesitar maestros para «comer bien», para ponerse morado de fabada o de langostinos? Mas no, la clave está en los llamados «temas de protocolo». Lo que de verdad preocupa a los señores Gargallo y Tobía, inspiradores de la Academia, es impartir doctrinas como ésta: «En cuanto a los huevos, se utiliza tenedor, si son fritos, para mojar el pan, y si son pasados por agua, se pueden comer con cucharilla cuando queda poco.» ¿Y cuando queda mucho del huevo pasado por agua? ¿Se comerá con tenedor? ¿Y la clara del huevo frito, una vez mojado el pan en la yema con tenedor, se comerá metiéndola en la boca con cuchillo? Suponemos que al que pague 75.000 pesetas le revelarán esos últimos *arcana imperii.* Y esperamos que al que con maniobra desafortunada de los cubiertos haga volar el huevo frito y caer en el escote de la comensal de enfrente le aconsejen decir *¡Perdón!* Aunque desde luego no podrá añadir *España y yo somos así, señora.*

(20 diciembre 1986)

Premios de 1986

Una vez más quiero celebrar el Año Nuevo distribuyendo unos premios que no pretenden sino agradecer el sano esparcimiento que me ha ofrecido durante 1986 la lectura de la Prensa, el cuarto poder de España, tan noble y edificante como los otros tres.

Premio *Priapo pétreo* a la precisión exquisita: ganado por el pie de foto del «ABC» (11-IV-86) que rezaba: «Jagdish Baba, un santón natural del estado indio de Uttar Pradesh, muestra la fuerza de su concentración al resistir impasible una piedra de quince kilogramos de peso colgada de *su* pene.» Lo que me duele es el anglicismo de *«su* pene»; en castellano hubiera bastado con decir *«del* pene». ¿De quién iba a ser el citado miembro sino del señor Baba? Mío no, desde luego.

Premio *Sol naciente de Occidente* a la antilogía: «La *caída* de Karmal en Afganistán *culmina* con su cese en todos los cargos» (titular de «El País», 21-XI-86). Mal puede alguien culminar cayendo, a menos que se trate de una pirueta oriental como la que hicieron los chinos llamando a don Felipe González con el apelativo que da nombre a este premio, o que esté inspirado por el *«extraordinario* marco de *normalidad»* («El País», 6-X-86) de las conversaciones entre ministros españoles y franceses en Zaragoza donde, sin duda, se prefirió la mencionada antilogía al pleonasmo del *«normal* marco de *ordinariez»* hispano-francesa.

Premio *Dr. Mengele* al ojo clínico: «Un vídeo de Andrei Sajarov muestra la salud del académico a punto de deteriorarse» («Diario 16», 26-III-86). Recuerda la definición pesimista de la salud: «estado pasajero que no anuncia nada bueno».

Premio *Alcoyano, CF,* a la moral futbolística: «La selección española vuelve de México *derrotada,* que no vencida» (Radio Nacional de España, 24-VI-86). Menos mal.

Premio *Eppur si muove* al peripatetismo: otorgado al señor alcalde de Madrid, quien, picado porque la televisión estaba filmando a sus rivales políticos, echó a los fotógrafos diciendo que en ninguna parte del mundo se les permitía estar *«desambulando* por las sesiones» («ABC», 29-XI-86).

Premio en la categoría *Jóvenes juveniles* al pleonasmo: concedido a la revista «Epoca» (3-XI-86) que, como el resto de la Prensa española, se recrea en hablar de los *jóvenes cachorros* de la política, como si existiesen *cachorros viejos* en la política o en la perrera. Mezclan el término *cachorro* con el de *jóvenes turcos* (grupo nacido en 1908 con la vana pretensión de renovar el imperio otomano), ambos de similar sentido figurado. Pero olvidan que si bien un turco puede ser joven o viejo, y no es redundancia indicarlo, un cachorro tan sólo puede ser joven: al envejecer se convierte en *perro viejo* de la política, aunque le cueste reconocerlo.

Premio *Glosolalia pentecostal* al traductor monóglota: «Nuestros traductores de un tema de medicina o arquitectura son, como esos especialistas, médicos o arquitectos en activo; además conocen *al menos un idioma.»* («Mensaje número 2 de Traductores Diorki.») ¿Y no tendrían algún mudo analfabeto?

Premio *Augusto Comte* al mejor epígono del autor de «La Philosophie Positive»: ganado por el jefe de la Policía Municipal de Madrid, quien al felicitarse a sí mismo del éxito de sus coches-patrulla provistos de ordenador, que han capturado a muchísimos cacos, declaró que «estas cifras demuestran que la *filosofía* de conectar con las bases de datos de la Policía Nacional es *positiva».* Hubiera podido decir *la idea es buena,* pero le parecería expresión poco refinada para los guardias de la porra.

Y, por último, el galardón que con más gusto doy, el premio *Maestro Ciruela* (que no sabía leer y puso escuela) a quien con notable petulancia se erigió en flagelo de ajenos errores lingüísticos y de erudición, y ahora se descuelga él mismo con una pifia llamando *liberal* a Dato («ABC», 6-XII-86), conservador donde los hubiere, por más que su partido se llamase liberal-conservador. Pero este premio, como los anteriores, lo doy *zin acritú,* puesto que lo otorgo a mi mejor amigo, es decir, a quien esto escribe y les desea, queridos lectores, un feliz Año Nuevo: su affmo.

TAMARÓN

(3 enero 1987)

A veces alivia comprobar que casi nadie lo lee a uno. Cuando metí la pata con lo de Dato, tan sólo mi amigo don Sebastián Martín-Retortillo me abrumó con merecidos sarcasmos. Como no puede ser el único en conocer la afiliación política de Dato, se nota que los demás cultos no me leen. ¡Cuán vano es *le vertige de la page en blanc!* La página puede uno emborronarla como quiera; nadie lo va a notar.

Emputecimiento

Acabo de leer una memez periodística más. «El País» (13-12-86) me pregunta con un gran titular «¿Es usted un *happy few?*» Tan sólo me cabe contestar que ni soy ni puedo ser un *happy few*, pero me gustaría ser *uno de los happy few*. Y es que *few* en inglés es plural, y *happy few* quiere decir *los pocos felices*.

Mas acaso no se trate de una simple memez; puede que sea algo mucho más grave. Sigo leyendo y descubro que *happy few* es el nombre extranjero que ahora se da en Alemania a los nuevos ricos, gente aficionada a comprarse cosas como «afeitadoras de oro de 1,7 millones de pesetas». Bueno, siempre ha habido nuevos ricos y siempre algunos de ellos han hecho compras estúpidas. Lo malo –y nuevo– es el nombre. Porque la expresión *happy few* tiene una vieja y honrosa historia, y aplicarla a una caterva de catetos timócratas –aun con ironía, cosa que dudo– es emputecimiento que dice mucho sobre la sociedad en que vivimos.

La expresión la puso de moda Stendhal al dedicar «La Cartuja de Parma» (1839) *To the happy few*. Lo hizo en inglés por prudencia de heterodoxo deseoso de ocultar su olor a chamusquina y a la vez mostrar su afinidad política y literaria con las minorías liberales. Y, naturalmente, porque citaba del inglés. Mucho se ha discutido sobre el origen de la cita. Lo probable es que Stendhal la sacase de Goldsmith, cuyo vicario de Wakefield (1766) usa la expresión al confiar en el éxito minoritario y remoto de sus escritos. Pero el origen último –conocido o no por el francés– está en Shakespeare, y eso ya es otro cantar. No se trata de un guiño a compinches como en Stendhal ni de una dulce esperanza de clérigo erudito; trátase de la expresión vibrante de la hermandad entre un rey guerrero y sus soldados, y forma parte de uno de los pasajes más hermosos de la literatura inglesa, el cuarto acto de *Enrique V*.

Horas antes de la batalla de Agincourt, el rey inglés pasea entre los vivaques del campamento y anima a sus escasas gentes *(a little touch of Harry in the night)*. Al amanecer arenga por última vez al ejército, en tono heroico y familiar, incluyendo a todos –príncipes y pecheros, capitanes y tropa– en la misma compañía aventurera de amigos: «Nosotros pocos, nosotros felices pocos, nosotros, banda de hermanos; pues quien hoy vierta su sangre conmigo será mi hermano, y por villana que sea su condición el día de hoy la ennoblecerá, y habrá caballeros ahora en el lecho, en Inglaterra, que se sentirán malditos por no haber estado aquí y tendrán en poco su hombría mientras hable cualquiera que luchó a nuestro lado en el día de San Crispín».

La arenga, ya se ve, es como para dar arcadas a un progre: «machista, reaccionaria, feudalpaternalista, aristocrática, militarista, belicista». Pero es que Shakespeare es así, guste o no, tan «de derechas» como Milton es «de izquierdas», si nos empeñamos en colocar etiquetas modernas a gente antigua. Se comprende, pues, que los intelectuales de hoy hagan ascos al sentido original de las palabras *happy few,* trallazo de alegría guerrera y de desprecio por el poltrón emboscado. Se entiende, incluso, que olviden el sentido de cenáculo erudito que les da Goldsmith, y aun la simpática complicidad liberal que busca Stendhal. A fin de cuentas, todas son expresiones del mismo espíritu aristocrático y minoritario, y como tales caen bajo el mismo anatema contra lo que ahora se llama «elitismo». Pero, si tanto molestan hoy las minorías –de nobles, de sabios, de librepensadores–, si hasta la ambigua dedicatoria de Juan Ramón Jiménez *a la inmensa minoría* parece reprobable ¿por qué entonces la progresía es tan indulgente con estos nuevos *happy few* amillonados, con los nuevos ricos que gastan el equivalente a un año de jornal obrero en una maquinilla de afeitar cursi?

Una sola explicación se me ocurre: los horteras opulentos son el nuevo modelo universal, inalcanzable pero fascinante. Ningún intelectual, ni obrero, ni nadie en Europa quiere luchar en Agincourt o conjurarse con Stendhal o leer libros difíciles. Lo que quiere es que lo vean bailar con una zorra de lujo. Y como el tonto bogavante respeta la moda, grita ¡vivan los nuevos *happy few!*

(17 enero 1987)

«... ahora todas tus *fans* queremos que nos planchen la armadura para irnos a Agincourt. A través del esnobismo vas a conseguir el rearme moral español».

No acertó, ay, mi amiga doña Adela Sanz-Briz, que esto me escribía el 18 de enero de 1987. Ni con el esnobismo lograremos cauterizar el emputecimiento español. La prueba está en el titular ME PREOCUPA QUE MI HIJO DE CUATRO AÑOS NO MIENTA NI TENGA MIEDO («*Ya*», 5-3-87). Encabeza una carta que dice:

Mi hijo, que cumplió cuatro años en el mes de febrero, de siempre ha sido muy inteligente. Va a la guardería desde que tiene un año, y siempre me han comentado la facilidad que tiene para aprender y su excepcional memoria. Es alegre y no tiene ningún problema de relación con los demás. Lo que me preocupa es que nunca miente. Dice siempre la verdad, aunque le suponga una regañina. He leído y hasta me ha dicho el psicólogo del colegio que es bueno y necesario que los niños mientan y tengan fantasía. El sólo fantasea cuando juega. Tampoco tiene miedo. De pequeño le asustaba el ruido; ahora, cuando sabe qué es lo que lo ha producido, se queda tranquilo. ¿Puede ser esto negativo para su desarrollo psíquico? Teresa. Madrid.

213

O sea, que Teresa está disgustada de haber parido a un nuevo Bayard, el caballero *sans peur et sans reproche*. La pobre mujer hubiera preferido traer al mundo a un embaucador con porvenir político o de estraperlista. El encargado del consultorio del «*Ya*» no lo entiende y viene a decir a la madre que se dé con un canto en los dientes. Menudo carca, el del consultorio.

El carlitos

A los mayores no les gustaban ni un pelo aquellos compañeros nuestros de juegos, forasteros de cuna desconocida, reciente arraigo en Andalucía y nombre impronunciable, cubiertos a menudo de jirones. Pero nosotros, indiferentes al esnobismo familiar, nos escapábamos de la casa a la hora de la siesta para reunirnos con los intrusos indeseables que, melena al viento y sin miedo a la canícula, se erguían en el jardín. Eran dos hermosos eucaliptos. Fáciles de trepar –cosa rara en ellos, salvo cuando han sido ramoneados de jóvenes– y de piel sedosa bajo los andrajos de corteza vieja, eran a la vez atalaya y gimnasio, montura agitada por el levante y lecho de siestas heroicas, barco pirata y penacho de rebeldía.

No entendíamos los reproches de las gentes cultas contra nuestros refugios: que eran plantas advenedizas, recién traídas de un país bárbaro llamado Australia, que desnaturalizaban con su silueta desgarbada el paisaje clásico mediterráneo, que nada crecía a su derredor y que ni aun sombra verdadera daban. Luego comprendí que las plantas, como las palabras, estaban sujetas a los crueles vaivenes de la moda, y que la moda, mal que les pese a los marxistas y demás hombres de fe, no siempre obedece al racional egoísmo y sí con frecuencia a la simple estupidez humana. Recuérdese la *tulipomanía* holandesa de 1638, cuando se especuló con los bulbos como hoy con acciones en plena histeria bursátil. El mismo eucalipto, aclimatado a principios del siglo XIX en los exquisitos invernaderos de la Malmaison como primor exótico, pronto se convierte en típico cultivo industrial, apto para producir celulosa, drenar pantanos o eliminar paludismo, pero desterrado de cualquier jardín que se respete.

Me he preguntado a veces si estos invasores exóticos (como algunos botánicos llaman a ciertas plantas aclimatadas con éxito excesivo) no habrían suscitado menos ojeriza de haberse aclimatado también el nombre a lo español. A fin de cuentas buena parte de nuestra flora es de origen foráneo. Pero, claro está, la mayoría de estas plantas fue introducida en épocas de vigor lingüístico capaz de adaptar a los idiomas peninsulares los vocablos exóticos, y a nadie se le ocurrió seguir llamando a la *naranja* por su nombre sánscrito, *nagrunga,* o al *albaricoque* por el suyo árabe, *al birkuk,* y ni siquiera mucho más tarde al *aguacate* por su nombre azteca, *ahuacatl.* Pero a partir del siglo pasado nos volvimos pedantes o acoquinados y aceptamos sin chistar los trabalenguas de los nombres científicos grecolatinos o del idioma de origen.

El pueblo andaluz tuvo un postrer destello de sentido común y bautizó *carlitos* o *calisto* o *calistro* al *eucalipto,* pero no ha logrado convencer a botánicos ni gramáticos, aferrados al vano purismo de que *eucalyptus* en griego quiere decir *bien cubierto,* en alusión inventada en 1788 por L'Héritier al descubrir este árbol de flor con pétalos que forman tapadera. Sin embargo, cuánto más natural y eufónico es el cateto andaluz diciendo un *calistral* que el ingeniero de montes hablando de una *plantación de eucaliptos.*

Problema distinto es el de otra planta de reciente introducción en España, el *ailanto (ailanthus altissima).* Arbol, ese sí, odioso y de expansión incontenible, seguirá siendo una plaga, aunque se imponga su otro nombre más lisonjero, *árbol del cielo,* que es lo que significa *ailanto* en chino según unos y en moluqués según otros. En cambio merecería nombre vernáculo más amable y menos frío el *olmo siberiano (ulmus pumila),* una de las pocas especies de olmos inmunes a la devastadora enfermedad del *graphium ulmi* y por ello de implantación creciente y muy de agradecer.

Por último, y en la esperanza de que alguno de mis lectores sea sabio micólogo –o, mejor aún, psicólogo perspicaz– y pueda ilustrarme, quiero exponer la curiosidad que me devora desde que durante el pasado otoño, tan lluvioso, hubo la habitual racha de muertes por ingerir setas veneno-

216

sas. ¿Cómo puede haber insensatos capaces de comer un hongo tóxico que parece lo que su nombre dice, *falo perruno (mutinus caninus)*? Y, por el contrario, ¿a quién se le ocurrió denominar *falo hediondo (phallus impudicus)* a un hongo comestible e incluso sabroso? Por algo Platón desconfiaba de la teoría de Heráclito según la cual los nombres son justos por naturaleza. Sería que entendía de hongos.

(24 enero 1987)

«Para su archivo le añadiré la versión cántabra del *carlitos:* es *ocálito*» (Carta de don Emilio Lorenzo, 14-2-87).

«Sobre el *carlitos:* en Galicia a los eucaliptos les llaman *arcolitos*» (Carta de don Ernesto López, 26-1-87).

«Aquí, en Asturias, se desprecia al eucalipto (se le llama *eucálitro*)» (Carta de don José Ignacio Gracia Noriega, 24-1-87).

Está claro, pues, que la palabra *eucalipto* se le atraganta al español; tal vez por eso lo use como expectorante.

En cuanto al sabio micólogo, cuya intervención yo impetraba, apareció bajo la forma de un joven diplomático, don Carlos Fernández-Arias, que con fecha 6-3-87 me escribió:

«Tal y como te prometí, te envío un breve comentario a tu artículo "El carlitos" publicado en "ABC" el pasado mes de enero. Al final del artículo hacías una referencia a la seta *Phallus impudicus* que deseo aclarar.

Primero debo decir en honor de quien bautizó este hongo como *falo hediondo* que pocas veces he visto un nombre mejor escogido y apropiado para una seta. El anónimo bautista no hizo sino describir fielmente lo que tenía ante sí, una seta de buenas proporciones que se erigía obscenamente en medio del bosque y de la que emanaba un olor fétido percibible –y de ello puedo atestiguar– a varios metros a la redonda.

Por otra parte, no es del todo correcta la referencia a la comestibilidad de esta seta que los franceses llaman *satyre puant*. Ni el *Phallus impudicus* ni su congénere el *Phallus hadriani* de menor tamaño –a pesar de su imperial apellido– son comestibles. Sin embargo, estas setas en su estadio juvenil viven bajo tierra con forma de huevo y reciben el nombre de *huevo de bruja, ou del diable* en Cataluña. Según algunos libros, los *huevos de bruja* son comestibles siendo incluso exquisitos. En cualquier caso, creo que hace falta algo más que una simple curiosidad micófaga para guisar y comer un *falo hediondo* o un *huevo de bruja*.»

Nada nuevo bajo el sol

De cuando en cuando conviene preguntarse si todo lo que parece nuevo es tan nuevo como parece. Suele uno llevarse sorpresas, y en el campo del lenguaje más que en otros. Consultado el diccionario, resulta a menudo que el supuesto neologismo no es sino pervivencia o resurrección lingüística. Otra cautela aconsejable es deconfiar del pansexualismo, tan propio de nuestra obsesa raza. Valga como botón de muestra de nuestra índole maniática el siguiente comentario de J. L. Pensado (en «Una crisis en la lengua del imperio», Salamanca, 1982) a cierta recomendación del maestro Correas: «La obsesión sexual, resultado de la represión eclesiástica, llegaba a aislar en la cadena sonora secuencias de una –OD– más vocal que, por atenuación de la H- (o J-), se asociaban al verbo *(h)oder*». No se sabe quién es más obseso, si el maestro del siglo XVII o su glosador del XX, este último convencido, al parecer, de que todos los clérigos de la historia de España eran unos puritanos pacatos, a modo de maristas de 1940, como si el arcipreste de Hita, Góngora o Tirso de Molina, con su robusta franqueza al llamar al pan pan y al vino vino, no hubiesen sido eclesiásticos.

Veamos, pues, unas cuantas palabras y expresiones que no son lo que parecen, o al menos no son tan sólo lo que parecen. *Chorrada* (necedad o nimiedad), por ejemplo, suena mal. Pero su origen, según el Diccionario de la Real Academia, es de lo más inocente: «Porción de líquido que se suele echar de gracia después de dar la medida.» Así es que *honni soit qui mal y pense*.

¡Jo macho! Se toma por vigorosa grosería moderna. El Diccionario de *argot* español, de Víctor León, 1986, asegura que *¡Jo!* es una interjección eufemística, equivalente a *¡Joder!* Sin embargo el otro día, leyendo las «Premáticas y

Aranceles Generales» (1610) de Quevedo, me econtré con que éste condena por expresión superflua «a los que, llevando la rienda en la mano, dijeren: *Jo, macho,* pues le pueden (al macho de tiro o montura, se entiende) tener con ella». Por un instante pensé que el menos eufemístico de nuestros clásicos había caído en el eufemismo, pero en seguida me tranquilizó Corominas: según su Diccionario Etimológico, *jo* y *so,* voces ambas para detener las caballerías, descienden por igual de *xo.* Claro que la etimología es objetiva y la semántica puede ser subjetiva e intencional, pero en todo caso resulta imposible que *jo* venga del *futuere* latino, origen de nuestro *joder.*

«*Pérfida Albión* (expresión acuñada también por la derecha)», escribe en «El País» del 22-1-87 don Luis Yáñez-Barnuevo. Comprendo que para un hombre de izquierdas sea tentador creer que la muletilla la inventó alguien como Franco o, haciendo un esfuerzo de memoria, algún francés como Pétain. Pero acudiendo a un diccionario de citas se comprueba que la expresión *perfide Albion* fue acuñada en París y 1793 por el Marqués de Ximénèz, amigo íntimo de Voltaire y progre como el que más.

Negociado distinto aunque cercano es el de las palabras nuevas para designar cosas de siempre, vino viejo en odres nuevos. Salta a la vista un ejemplo curioso de hoy mismo. Siempre hubo bandas de maleantes aficionados a la violencia caprichosa, sin tener siguiera el robo por motivo principal y mucho menos las ideas políticas. Pero vivimos en un siglo tan ofuscado por las ideas políticas como los anteriores lo estuvieron por las religiosas, y se tiende a atribuir a estos facinerosos alguna ideología, en general la contraria a la que uno profesa. Y hemos visto estos días cómo unos grupos de salvajes lamados *ultrasur* (por el graderío de cierto estadio que frecuentan) u otros denominados *jevis* (les gusta la atroz música *heavy rock)* recibían gratuitas etiquetas políticas. Sabido es también que uno de los trucos más habilidosos de Marx fue inventar el término *lumpenproletariat* para aplicarlo a cualquier clase de pobres reaccionarios o apolíticos. Pero en España el término, hoy de moda, se ha trivializado y a la vez desvirtuado lingüísticamente al dejarlo en *lumpen* (literalmente *andrajos* en alemán) y llamar así a los gamberros, como hace el decano de la Facultad de Ciencias Biológicas en carta a «El País» del 16-12-86, sobre las barbaridades del día de San Teleco.

Si los padrinos de todas estas palabras supiesen historia, comprenderían que la maldad multitudinaria gratuita es aún más frecuente que la maldad multitudinaria política. Aunque a veces ambas bestialidades coincidan, como en Bizancio, con sus dos bandos, los *azules* y los *verdes,* forofos de sus respectivos equipos de aurigas y asimismo partidos políticos y sectas religiosas, pero, ante todo, turbas destructivas.

(14 febrero 1987)

––––––––––

Uno de los aquí mentados –menos agudo que Quevedo y más respetable que los ultrasur– se sintió ofendido y me lo hizo saber. Le ofrecí añadir a mi artículo su réplica, pero eso no le bastaba. Lástima.

Otro también se picó, pero –poderoso– no dijo nada, me la guardó y me la jugó desde el poder ¡Oh pérfida Coria del Río!

Diestros y siniestros

Se ve venir, la próxima causa progre de moda va a ser la lucha contra la discriminación antizurda. Pronto las fuerzas del progreso habrán derrotado del todo al obscurantismo en los campos de batalla tradicionales, el sexual y el racial. De aquí a unos años desaparecerán del lenguaje mismo los últimos vestigios de discriminación machista y racista. Expurgados los diccionarios de expresiones falócratas y palabras ofensivas para otras razas, la censura velará para que nadie en adelante escriba *mujer pública* por *ramera* (molesta a las políticas) o *merienda de negros* por *reunión caótica.*

La depuración ya ha empezado, como puede verse en el «Boletín Oficial de las Cortes Generales», Congreso de los Diputados, del 12-11-85, que recoge una proposición no de ley presentada por el Grupo Parlamentario Socialista pidiendo «que el Gobierno encomiende a la Real Academia Española de la Lengua la tarea de revisión de los conceptos y acepciones contenidos en el vocabulario en relación con la mujer, con el objeto de suprimir del Diccionario de la Lengua Española todo tratamiento discriminatorio y reflejar, como desigual y vejatorio, aquellos giros y expresiones que, perteneciendo al idioma, merezcan tal reproche» *(sic* todo ello, incluidas las comas superfluas). Tan mal redactan los padres (o madres) de la patria que algún académico se habrá preguntado si le están mandando *suprimir* o por el contrario *reflejar* los vitandos términos. El sentido de la orden es, sin embargo, claro: reprende al barómetro por indicar mal tiempo. El siguiente paso puede ser luchar contra la inflación dando órdenes al Instituto Nacional de Estadística (hay quien dice que ya se hace) o evitar el pedrisco y las heladas con instrucciones a los observatorios meteorológicos.

Lo más probable, empero, es que los progres, tras estos

primeros éxitos filantrópicos (o filóginos) concentren sus fuerzas en fustigar la discriminación derechista contra la mano izquierda. *The Economist,* siempre precursor, publicó un artículo el 20-12-86 previendo lo que podría se la argumentación ilustrada frente a la dextrocracia opresora. Para empezar, la minoría sojuzgada es muy numerosa; se acaba de descubrir, por ejemplo, que en las escuelas inglesas uno de cada diez niños es zurdo. Imagínense ustedes el sufrimiento de las criaturas al ir descubriendo que todo en el idioma inglés ensalza a la mano derecha y vitupera a la izquierda. Es intolerable.

En español, como en las demás lenguas, ocurre otro tanto. Las palabras *siniestro* (tanto el adjetivo, que además de *relativo a la izquierda* puede significar avieso o funesto, como el substantivo en el sentido de avería, destrucción o pérdida) o *siniestrado* no son precisamente alegres. En cambio *diestro, adiestrar* o *destreza* tienen un eco propicio. El contraste entre las expresiones *hacer algo a derechas* y *hacer todo a zurdas* revela la magnitud del entuerto que habrá que deshacer. Apenas si recuerda uno alguna expresión, como *tener mano izquierda,* donde lo siniestro sugiera destreza. Y eso que esta última expresión es de origen taurino, y los toreros suelen ser gente conservadora y supersticiosa: les espantaría verse obligados a llamarse *siniestros* en lugar de *diestros.*

No obstante, cambios así habrá que hacer en la lengua para aplacar la justa ira de zurdos e izquierdistas. Como habrá que cambiar la Biblia, para eliminar visiones tan antidemocráticas como la de San Mateo (XXV, 33-34) sobre el juicio final, en el que Dios, tras colocar a los buenos a su derecha («como ovejas») y a los malos a su izquierda («como cabras»), «dirá a los de la izquierda, malditos, id lejos de mí al fuego eterno».

El colmo de la mala suerte es que la propia palabra *izquierda,* de origen prerromano muy obscuro y adoptada en el castellano y demás lenguas romances peninsulares para evitar –sugiere Corominas– las connotaciones negativas de todos los derivados del vocablo latino *siniestra,* es de cuna no menos funesta. Viene de *esku oker (mano retorcida* o *contrahecha* en vascuence), según unos, o de *esku erdi (media mano)*, según Antonio Tovar.

Así es que mucha briega y mucha censura tendrán que ejercer nuestros progres hasta desarraigar tan injusta discriminación sociolingüística. Yo me contentaría con que empezasen a desollar el toro por el rabo, es decir, por el punto equidistante y más modesto entre los cuernos del dilema izquierda-derecha. Propongo que prohíban por centrista la palabra *colapso.* Y es que cada vez que oigo hablar por la radio del tráfico y su *colaso* (con la mala pronunciación inevitable, puesto que no hizo Dios los labios hispánicos para articular el fonema *ps)* recuerdo la historia sevillana del maletilla que en un tentadero se desvaneció tras muchos revolcones, palotazos y pisotones de la erala. Cuando sintió que Ignacio Sánchez Mejías –que era estudiante de Medicina– palpándolo y auscultándolo decía: «No es nada grave, sólo un colapso», abrió el muchacho un ojo y suspiró: «Por la Virgen del Carmen, que el bicho me dio con to menos con la cola.»

(21 febrero 1987)

El cocido del hedonista

Hubo un tiempo en que cavilé mucho sobre las diferencias entre el *hedonista,* el *sibarita* y el *epicúreo.* La verdad es que hoy los tres términos se emplean casi como sinónimos para definir a quien en la vida busca ante todo el placer. A duras penas encuentra uno, rastreando en diccionarios, leves distingos semánticos. Tal vez *hedonista* sea término más general, acaso *sibarita* evoque una idea de lujo, quizá *epicúreo* insinúe mayor refinamiento. Puede que al glotón de cocido convenga llamarlo hedonista, al obseso de caviar sibarita y epicúreo al aficionado a la sopita de verduras de exquisito condimento. En todo caso los matices se afianzan acudiendo a la etimología: *hedonismo* viene de *hedoné* (placer en griego), *sibarita* era el habitante de la antigua Síbaris, ciudad de la Magna Grecia reputada por su lujo y regalo, y *epicúreo* es el discípulo de Epicuro, filósofo ateniense del siglo III antes de Cristo, partidario del placer como bien supremo pero tan enemigo de la voluptuosidad que su ideal, dice don Julián Marías, «es de un gran ascetismo y, en sus rasgos profundos, coincide con el estoico».

No se le ocultará al astuto lector que cuanto antecede tenía un interés meramente académico. El hedonismo siempre estuvo mal visto en España y reservado a minorías hipócritas y felices. Los curas lo fustigaban, los políticos conservadores clamaban contra su efecto debilitante de las recias virtudes patrias, los ideólogos progresistas lo tachaban de egoísmo reaccionario. El propio pueblo español, ricos como pobres, deseaba en el fondo de su alma mesetaria el poder y el dinero más *per se* que como fuente de deleites. *La douceur de vivre* francesa es malamente traducible al castellano; *confortable* es anglicismo cursi que hubo de importarse violentando el sentido originario del viejo *confortar,* verbo que ya usaba Berceo. Y todavía no están lejos los tiempos en que algunos entusiastas deseosos de ir «por el Imperio hacia Dios» idearon aquella severa pintada advirtiendo que *a los pueblos que se abandonan a la molicie los arrastra el torrente de la Historia*. Cuenta mi amigo volteriano de derechas don Joaquín Pérez Villanueva que cada vez que se encontraba con Ridruejo, por entonces jerarca de la Falange, le decía: «Hombre, Dionisio, avisa a tus muchachos que miren bien antes de escribir esas cosas. El otro día pasé por Gumiel de Izán y vi a unas viejas de negro tomando el último rayo de sol invernizo al socaire de una pared de adobe, justo debajo del letrero contra la *molicie.*»

Hay que reconocer que todo esto está cambiando, por la izquierda y por la derecha. Tanto los que antes cantaban a la «famélica legión» como los que ensalzaban la escurialense austeridad empiezan a mostrarse proclives a los más enervantes placeres. Ni curas ni políticos se atreven ya a predicar la mortificación. Los medios de comunicación exhortan al hedonismo. Un marxista lo llamaría mensaje subliminal del capitalismo consumista, pero es probable que ese mismo marxista se haya apuntado a uno de esos nuevos clubes de enólogos que por un ojo de la cara venden surtidos de vinos mediocres, o frecuente una *boutique del pan*. La *calidad de vida* está de moda, y no sólo por motivos racionales, sino porque toda moda tiende a ser en sí un imperativo categórico, acelerado por la cursilería y frenado por la hipocresía.

Prueba de esto último es que «El País», siempre fiel sismógrafo de estos movimientos telúricos, anuncia (12-2-87) el regreso triunfante de «los otros lenguajes». Se refiere al juego de los abanicos y de los pañuelos, al significado simbólico y social de perfumes y flores. Incluso alude a peinados y lunares pintados como signos insinuantes. Se olvidan del periclitado lenguaje burgués de los dobleces en tarjetas de visita, del lenguaje noble de la heráldica, del lenguaje arcano –y costoso– de las piedras preciosas. Pero ya los descubrirán y los pondrán de moda. Los bárbaros siempre terminan descubriendo mediterráneos. Por de pronto ya sabemos que «García Márquez deja gran parte de sus ingresos por derechos de autor para sufragar uno de sus caprichos más conocidos», pues para escribir «necesita tener sobre la mesa flores amarillas», a ser posible rosas. Parece más propio de un d'Annunzio que de un paladín de Fidel Castro, pero los bárbaros también siempre terminan contagiándose de los decadentes que suplantan.

Al final todo este nuevo hedonismo debe ir, como los anteriores, acompañado de una cierta hipocresía. «Defender hoy el cocido es tomar una posición progresista, democrática y hasta radical», asegura don José Esteban, citado por «Las Artes-Crónica 3» (febrero 1987). Nuestros antepasados lejanos se atracaban de cocido porque les gustaba, como la gente de hoy, pero con otra excusa: que así demostraban ser cristianos viejos, sin miedo al tabú judío y musulmán del cerdo. Eran tan hipócritas como los progres modernos. Quizá es que para disfrutar a fondo haya que ser hipócrita.

(14 marzo 1987)

Peces de abril

A los españoles, como a los demás pueblos latinos, les gusta muchísimo poner a sus calles nombres de fechas. En Madrid hay una docena de estos topónimos, en su mayoría enigmáticos. Pasen la plaza del Dos de Mayo o la calle del Doce de Octubre, pero, ¿cuántos de los tres millones de madrileños conocerán las misteriosas efemérides conmemoradas por la avenida del Veinticinco de Septiembre o la plaza del Veintiocho de Marzo? Brilla, en cambio, por su ausencia la calle del Veintiocho de Diciembre, pese al entusiasmo risueño con que solemos celebrar aquella matanza de los Santos Inocentes. Otro tanto ocurre en Francia: mucha *rue du Quatorze Juillet* (matanza mínima y ruin en la Bastilla) y ninguna *rue du Premier Avril.* Y eso que los franceses –y los italianos, y los ingleses, y otras muchas naciones– hacen sus inocentadas el primero de abril. El gabacho cuelga de la espalda de su víctima un pez recortado en papel o le gasta cualquier otra broma y grita *Poisson d'Avril!* a quien pica. El italiano exclama *Pesce d'Aprile!* y el inglés, más contundente, *April fool!* (tonto de abril).

Pues bien, en vísperas del primero de abril y como nos aseguran que «ya somos Europa», me propongo complementar nuestros clásicos gozos inocentes del 28 de diciembre con los siguientes premios a diversos peces de abril merecedores de nuestro agradecimiento por sus peregrinas expresiones recientes en letra impresa:

Premio *Como pez en el agua* a la fiesta más animada: la descrita por don Antonio Gala en «El País» (8-2-87). Al parecer empezó mal. «Había unas cuarenta personas, cada cual de su padre y de su madre. Sin posible argamasa, la fiesta empezaba ya a hacer *aguas.*» ¿Mayores o menores? El cronista no lo aclara. Pero nos asegura que la cosa luego se animó y terminaron todos hablando del amor en tono progre. Se comprende. En cambio, si la fiesta se hubiese limitada a *hacer agua,* en singular, se habría ido a pique como cualquier barco. Es decir, lo que espero de todo corazón que no ocurra al «Juan Sebastián de Elcano», pese a lo que asegura el «ABC» (4-1-87): «Se considera imprescindible que los futuros oficiales tengan su primer *contacto profundo con el mar* precisamente en un barco de vela.» No sé, no sé. Cuando yo navegué en ese barco ninguno de nosotros deseaba tal cosa; preferíamos el *contacto superficial* con la mar. Premio *Entre dos aguas,* pues, a esta última noticia.

Premio *Por la boca muere el pez* al funeral más inusitado: el reseñado por «El Faro de Vigo» (25-1-87), que tras describir un accidente de tráfico explica que «madre e hijo se dirigían a Noya para asistir al funeral de un familiar, resultando este último con lesiones de carácter leve».

Premio *El pez, símbolo fálico* (Freud) al comentario en «El País» (3-3-87) a la llamada «revolución conservadora americana»: «En lo que se refiere a las *relaciones en los y entre sexos* se ha desarrollado una reacción contra el período más permisivo.» Suponemos que quería decir *relaciones homosexuales y heterosexuales,* pero con tanta *permisividad* vaya usted a saber.

Premio *Besugo a la plancha* al anuncio de diez restoranes («ABC», 30-1-87) precedido de este prólogo inefable que firma V. Llorente: «Distinguidos comensales: Una vez más, en el encuentro grato de potenciar la acción de restauradores integrantes que con su esfuerzo profesional pretenden conseguir el objetivo de sus ilusiones: ganar la confianza de los que, sentados en sus mesas, propaguen la semilla de sus mejores realizaciones, que serán el fruto, sin duda, de un mayor entorno, que aglutine en una gran familia a un más nutrido grupo de prestigiosos artífices de la buena mesa y a sus dignificados gastrónomos.» Todo ello *sic.* Reléanlo ustedes y no esperen de mí que comente lo indecible. Ante ciertas cosas sólo cabe el silencio respetuoso.

Premio *Peces Gordos* a don Antonio Sánchez-Gijón, que en «Política Exterior» (Invierno 1987) afirma que los países hispanoamericanos están «parasitados» entre otras cosas por «la callosidad de los que detentan el poder». Sin buscarlo ha dado con un buen símil, ya que según el Diccionario llámase *callosidad isquiática* a «cada una de las dos que tienen en las nalgas muchos simios catirrinos», y en efecto hay sentadas en el banco azul que de puro largas deben de producir callos en las posaderas, séase simio catirrino o simple político carota. Pero lo probable es que el autor no hacía más que traducir –mal– del inglés, donde *callousness* dejó hacia 1692 de ser sinónimo de *callosity* y pasó a significar *insensibilidad* o *crueldad.*

Premio *Pico de Oro* al mejor título de conferencia: «Interacción conductual para una integración gratificante entre el educador y el menor» (Doña Rosario Duce, «ABC», 12-2-87). Traducción al español: «Si el maestro y el niño se comportan como Dios manda, mejor para todos.»

Así es que enhorabuena a los galardonados y gracias por tan rica zarzuela de pescados de abril.

(28 marzo 1987)

Cursi

Se me reprocha que use la palabra *cursi*. Me dicen que resulta ofensiva no sólo para el destinatario del término sino para otros inocentes que pueden sentirse aludidos por motivos de clase social. Nada más lejos de mi intención. Y nada más lejos de la intención del diccionario. El de la Real Academia da tres acepciones, muy afines entre sí, del vocablo *cursi:* «1. Dícese de la persona que presume de fina y elegante sin serlo. 2. Aplícase a lo que, con apariencia de elegancia o riqueza, es ridículo y de mal gusto. 3. Dícese de los artistas y escritores o de sus obras, cuando en vano pretenden mostrar refinamiento expresivo o sentimientos elevados». Casares dice tres cuartos de lo mismo y María Moliner subraya algo más el talante *remilgado* y *relamido* del cursi. Ninguno insinúa que la cursilería sea exudación privativa de las clases bajas o medias. Por consiguiente, cuando leo que el presidente de la Argentina ofrece «un *ágape informal*» a los oficiales del «Juan Sebastián de Elcano» (*«ABC»*, 11-3-87), tan sólo pienso que el periodista es cursi (además de inexacto, pues dudo que el señor Alfonsín fuese de verdad informal y no pagase la cuenta de las bebidas o pusiese los pies en la mesa) y no deduzco que la noticia esté redactada por una modistilla. Puede haberla escrito un Grande de España. Este país es, desde hace un par de siglos, el único de Europa donde las clases se distinguen casi exclusivamente por dinero y no por vicios y virtudes típicos. Aquí puede ser cursi cualquiera, y cualquiera puede ser sobrio y elegante.

Tan claro, pues, está el significado de la voz *cursi* como obscuro es su origen. Aparece en Andalucía a mediados del siglo pasado (la primera documentación es de 1865, el «Cancionero Popular», de Emilio Lafuente), pero nadie sabe a ciencia cierta de dónde procede. Corominas recoge varias hipótesis etimológicas, que resumo: 1.º Incierto origen gitano. 2.º Burla por trastoque de sílabas de cierta familia mediopelo llamada *Sicur*. Esta es la creencia más extendida, pero parece que la metátesis es posterior y no anterior al uso común de la palabra cursi. 3.º Procedencia inglesa a través de Gibraltar: *coarse* (ordinario) o su poco común derivado *coarsish* (algo ordinario, *ordinarillo*). 4.º *Cursiera* o guarniciones *cursieras,* arreos de gala de un caballo (o corcel, *coursier* en francés), términos usados en el siglo XVII. 5.º *Cursado,* en el sentido de «versado en cosas de moda», con sufijo jergal -i daría *cursi*. 6.º La versión que prefiere Corominas –y que a mí, con todo el respeto debido al gran maestro, me parece tan dudosa como las anteriores– atribuye el origen al vocablo árabe marroquí *Kursi* (*silla,* y de ahí *cátedra* o *trono,* con posibles sentidos figurados de *pedante* o *pretencioso*). La hipótesis es atractiva –¡qué ironía si nuestros cursis resultasen para colmo ser morunos!– pero ante la falta de pruebas no pasa de conjetura.

Al *hortera,* por el contrario, se le ven muy bien las raíces. En el bajo latín *offertoria* (especie de patena) fue perdiendo calidad hasta convertirse en *fortera* (escudilla de madera). Más tarde empezó a usarse como apodo despectivo de los mancebos de las tiendas, «sea porque acarreen sus mercancías en una artesa de madera –explica Corominas– sea con el sentido primero de pordiosero». De ahí nació su acepción actual: «vulgar y de mal gusto». Ese –*hortera* y no *cursi*– sí que es término clasista y cruel. Yo sólo lo uso en casos extremos, como el napalm. La izquierda no debería usarlo jamás, por *eticidad* que dirían ellos. Pero le han cogido gusto y hoy emplean *hortera* como sinónimo de *nuevo rico*. Es una paradoja más de la evolución lingüística.

En fin, alegrémonos de disponer en nuestro léxico de palabra tan descriptiva como *cursi,* envidia de ingleses (en cuya lengua *posh* sólo indica lujo vulgar y *genteel* tiene ecos enternecedores de *quiero y no puedo,* del *venido a menos,* del *medio pelo*) y de franceses (cuyo *chichiteux* no es más que un *melindroso*), y apliquemos el término con mesura. Recordemos el consejo del vizconde de Chateaubriand, que también vivió cambios y restauraciones: «Hay épocas en que tantas cosas merecen desdén que éste se convierte en mercancía escasa y hay que gastarlo con parsimonia.»

Además, el uso impropio del término puede llevarnos a juicios tan surrealistas como el de aquel diplomático español que en 1945, tras permanecer meses aislado en cierta capital balcánica ya bajo ocupación militar soviética, y después de mil peripecias viajeras, consiguió volver a Madrid, donde, asaeteado a preguntas por sus compañeros, profirió la sentencia inmortal: «¿La horda tártara? Chicos, unos *cursis.*»

(11 abril 1987)

Belleza maculada

Pied Beauty

Glory be to God for dappled things–
For skies of couple-colour as a brinded cow;
For rose-moles all in stipple upon trout that swim;
Fresh-firecoal chestnut-falls; finches' wings;
Landscapes plotted and pieced-fold, fallow, and plough;
And all trádes, their gear and tackle and trim.

All things counter, original, spare, strange;
Whatever is fickle, freckled (who knows how?)
With swift, slow; sweet, sour; adazzle, dim;
He fathers-forth whose beauty is past change:
                    Praise him.

                              (G. M. Hopkins)

Beauté Piolée

Gloire à Dieu pour les choses bariolées.
Pour les cieux de tons jumelés comme les vaches tavelées,
Pour les roses grains de beauté mouchetant la truite qui nage;
Les ailes des pinsons; les frais charbons ardents des marrons chus; les paysages
Morcelés, marquetés –friches, labours, pacages;
Et les métiers: leur attirail, leur appareil, leur fourniment.

Toute chose insolite, hybride, rare, étrange,
Ou moirée, madrurée (mais qui dira comment?)
De lent-rapide, d'ombreux-clair, de doux-amer,
Tout jaillit de Celui dont la beauté ne change:
                    Louange au Père!
                              (Versión de Pierre Leyris)

Belleza maculada

Gloria a Dios por las cosas variopintas:
por los cielos cual reses berrendas, a dos tintas;
por la mota rosada que en la trucha que nada pinta pintas de antojo;
las caídas castañas, frescas ascuas al rojo;
las alas del pinzón; y las campañas ensambladas de partes: redil, labor, barbecho;
y todos los oficios con sus artes, su apero, su pertrecho.

Todo lo peregrino, singular; cuanto de raro y vario ha sido hecho
con modo de mudar, todo lo que motea (mas ¿a quién se le alcanza?)
con premura y templanza, acritud y dulzura; aquello que fulgura y que sombrea,
así lo engendra Aquél cuya hermosura se halla más allá de la mudanza:
                    Loado sea
                    (Versión de José G. García-Valdecasas)

El poema de Hopkins que antecede se consideraba imposible de traducir. Pero lo tradujo Pierre Leyris. El mundillo internacional de filólogos y traductores literarios pronto comprendió la proeza lingüística que suponía verter al francés una poesía inglesa de tan excepcional complejidad y riqueza, conservando –o mejor dicho, recreando– la rima, el ritmo interno, la aliteración, la fuerza evocadora de las asociaciones de ideas y palabras, amén del sentido exacto del texto original. Después de conocerse la antología de Hopkins escogida, comentada y traducida por P. Leyris (París, 1980) dejó de ser lícito contraponer como géneros mutuamente excluyentes traducción literal y traducción literaria. «Una exhibición de virtuosismo dificilmente igualable», comentó *The Times Literary Supplement* (26-12-1980). «Una *imposibilidad* donde las haya», afirma George Steiner, que en su libro *After Babel* incluye *Beauté Piolée,* junto con tan sólo otro ejemplo, en una *short list of supreme translations* de todas las lenguas y épocas históricas.

Comentando con José Guillermo García-Valdecasas, meses ha, esta fama de imposibilidad vencida de *Pied Beauty/Beauté Piolée,* tuvo aquél un gesto espontáneo: saltó al ruedo frente al reto de las «reses berrendas» del poema, dispuesto a traducirlo al español. Yo aporté un poco, mis conocimientos de inglés; él un mucho, su extraordinario oído poético. Tras días y días de faena surgió la versión que acabo de ofrecerles. Es de aplicación –en este caso sin falsa ni verdadera modestia– la frase consabida: cualquier error será culpa mía, y mérito de mi amigo cualquier acierto. Y no es poco logro, creo yo, haber conservado la belleza sensual del poema inglés pese al durísimo pie forzado de la literalidad absoluta y de la afinidad con la métrica original. Se escogió una alternancia libre de versos de siete y once sílabas –propio de cierta mística castellana– más alejandrinos, con hemistiquios. Mientras desenrollábamos el suntuoso tapiz de imágenes nos venían a la mente clásicos retazos españoles de figuras similares: «Nace el bruto y con su piel / que dibujan manchas bellas...» (Calderón), «Erizo es, el zurrón, de la castaña» (Góngora).

Y sin embargo a nadie se parece del todo, ni en estilo ni en personalidad, Gerard Manley Hopkins, S J. Nacido en 1844 de familia acomodada, estudió lenguas clásicas en Oxford, donde a los veintidós años se convirtió a la fe católica. En 1868 ingresó en el noviciado de los jesuitas, y fue ordenado sacerdote ocho años más tarde. Ejerció la cura de almas en barrios miserables de Glasgow y en otros lugares, y al final de su corta existencia enseñó griego en Dublín, donde murió en 1889. Muchos años después, en 1918, su amigo Robert Bridges dio a conocer la obra poética de quien en vida había querido permanecer ignorado. Apartado Hopkins de las corrientes literarias de su tiempo, sacrificando todo por amor a Dios (aun su poesía, que llegó a quemar en cierta ocasión y se abstuvo de continuar en otras), consiguió sin buscarla la más completa originalidad en el fondo y en la forma.

Valga como muestra de tan fecunda paradoja esta *Belleza maculada,* donde la hipnótica observación de la naturaleza se vuelve himno a Dios y el poeta agradece al Creador precisamente cuanto a otros hombres desconcierta: manchas y contrastes, sombras y tornasoles, como si lograse ver el sentido oculto de la creación bajo la aparente ambigüedad, tras el azar equívoco que a los demás nos desazona... Acaso Hopkins con su vida humilde y su visión penetrante cumplió mejor que nadie el orgulloso lema heráldico de su familia: *Esse quam videri,* «ser, más que parecer».

(19 abril 1987, Domingo de Resurrección)

Ejecutivos percutientes

Un viejo amigo andaluz, maestro albañil, me ponderaba hace poco a uno de sus peones diciendo «es *curioso* y *ligero*». Me fié de su juicio, contraté al albañil y comprobé que era, en efecto, esmerado y rápido en el trabajo. Y si hubiese tenido dudas sobre el significado de su alabanza me las habría disipado el Diccionario, que contiene dichas acepciones, algo anticuadas y muy correctas, de ambos vocablos. En cambio poco después otro amigo, banquero éste, me contó con aire resignado que sus ejecutivos habían acuñado dos nuevas palabras y las usaban como talismanes: *percutiente* (por *contundente)* y *opiniático* (por *opinable).* Nada hay, en puridad, que oponer a la primera (inusitado participio presente de *percutir)* salvo que si los tales ejecutivos quisiesen hablar claro dirían *contundente,* si deseasen ser pedantes usarían *percuciente* (latinismo que nadie emplea pero está en el Diccionario) y, si vulgares, *percutante* (galicismo socorrido, aunque ausente del Diccionario). Pero el ejecutivo no es ni claro ni pedante ni vulgar. Es cursi, y por eso dice *percutiente.*

El otro nuevo fetiche, *opiniático,* también es digno de atención. No lo he encontrado en ningún diccionario, pero sí he hallado en el de Autoridades (1726) algo que ya entonces debía de resultar un tanto arcaico pues se endosaba a Nebrija: *opinático.* Palabra que no significaba *opinable* o *discutible,* sino «inclinado a seguir opiniones extravagantes»; palabra, pues, que sí merecería la pena resucitar, pero en su acepción auténtica. Además rimaría en más de un sentido con *maniático* como doble insulto. Y es que nuestros ejecutivos siempre están al borde del hallazgo feliz. Cuando pusieron de moda la incorrección lingüística de «don Fulano está *reunido*» no se percataron de que una de las pocas maneras lícitas de usar *reunido* sin especificar con quién es en términos taurinos, donde se dice que el picador está *reunido* «cuando cae sin desmontarse de su cabalgadura y como formando con ella un solo cuerpo». Al oír la habitual excusa telefónica uno puede preguntarse cómo estará *reunido* el ejecutivo, si caído sobre la mullida moqueta formará un solo cuerpo con la secretaria o, más provechoso, con el presidente de la sociedad.

Lo malo de la cursilería ejecutiva es que es contagiosa. Antes, los ganaderos iban a las ferias de ganado y poco tenían de cursi. Ahora acabo de ver cerca de Trujillo un cartel que anuncia el II Salón Nacional del Caprino. Ha caído el último bastión anticursi, el de los pastores extremeños. Habrá ya que imaginarse a las cabras deambulando por un salón, en fina plática con peritos agrónomos ejecutivos, copa de cava en mano, símbolo de la modernización de España: de la Feria de Cuernicabra al Salón del Caprino. O *cabrino,* como acaba de decir uno de nuestros rabadanes políticos, sin duda convencido de que «el cambio» siempre ha de ser a más cursi.

Claro que si así hablan nuestros ejecutivos no es de extrañar que quienes los colocan, los *cazatalentos* (traducción descafeinada de *head hunters),* hablen con mayor exquisitez aún. Uno de ellos explica su trabajo en el «Diario 16» (15-4-87) y asegura que «es una mercancía delicadísima la que nosotros tratamos. Por eso en este negocio se funciona mucho con el *boca a boca*». Querrá decir el *boca en boca,* pero se conoce que está tan a menudo *reunido* que sólo piensa en estrechos abrazos con *boca a boca* para devolver la respiración a los exangües.

En fin, si además de saber cómo hablan los ejecutivos quieren ustedes conocer el prestigioso marco de sus éxtasis cuando caen reunidos, no tienen más que mirar las fotografías de «Los despachos de los poderosos» («Ya», 1-3-87). Ahí están las estatuillas abstractas de don Luis Valls (en «un despacho para poder pasear, junto a pistas para *squash* y una pequeña piscina que nadie utiliza»), las tablas religiosas mezcladas con radiadores eléctricos del abogado Pedrol, la mesa de plástico transparente del señor Piera, «la planta gigantesca aislada» del presidente del Real Madrid («vivimos en la vorágine»), y otros portentos. Pero, sobre todo, en el comienzo de ese artículo encontrarán ustedes la frase inicial con más garra de toda la literatura periodística, la que más ganas da de seguir leyendo, la sentencia que revela la creciente y prometedora armonía entre periodistas y ejecutivos. Reza así: «Los antiguos reyes sabían poco de decoración.» Luego aclara que los nuevos «poderosos» han venido, por fortuna, a remediar esa falta.

¡Pobre Felipe II, que no supo edificar más que El Escorial! ¡Pobres faraones, con pirámides por toda pompa fúnebre! ¡Pobres monarcas franceses, en el marco mezquino de la Galería de los Espejos de Versalles! ¡Pobres reyes, que no sabían de decoración *percutiente!*

(25 abril 1987)

Tabla rasa

La derecha española es poco conservadora. No quiero con eso decir que sea poco derechista, sino que hay pocas cosas que a la derecha le interese de verdad conservar. De verdad, de verdad tan sólo le interesa conservar el dinero, motivo por el cual es probable que acabe perdiendo todo, incluido el dinero. Por lo general a la derecha se le da una higa la conservación de la lengua española, de nuestros monumentos o de nuestros paisajes, es decir lo poco de primera que nos queda. A la izquierda, por supuesto, también le trae al fresco todo eso, pero ella al menos está en su papel y no hace más que acatar la melodiosa exhortación de la Internacional: *«du passé faisons table rase»* (cito el texto original para no favorecer a ninguna de las dos versiones rivales en castellano, la socialista y la comunista). En España no habrá más allá de diez mil conservadores, y no todos se consideran de derechas. Algunos se juzgan de izquierdas, y los más no son si no dulces pasotas resignados a la tabla crecientemente rasa de nuestra cultura, a que pronto seamos mezcla de Tejas, Nicaragua y Argelia.

Todo ello es sabido e irremediable, por lo que resulta vano quejarse y necio asombrarse. Pero hay detalles que siguen extrañándome. Por ejemplo, ¿cómo es posible que la derecha se trague ciertas innovaciones lingüísticas más o menos interesadas, incluso cuando tales neologismos dañan la médula de sus intereses? Veamos algunos casos de tan singular ceguera.

Antimilitarista es hoy el calificativo universalmente aceptado –incluso por los que defienden a los militares– para definir a quienes los atacan. Pero esa aceptación es un error lingüístico y una torpeza histórica. *Antimilitarista* es quien se opone al *militarismo* («preponderancia de los militares, de la política militar o del espíritu militar en una nación», es decir una perversión política del estricto espíritu militar) y *antimilitar* es quien se opone a *lo militar* o a los *militares*. Es natural que los de la melena y la jeringuilla se llamen a sí mismos *antimilitaristas*, pero los demás somos tontos si aceptamos el matute semántico. Hay que llamarlos *antimilitares* y, recordarles que el más notable *antimilitar* fue un *militarista*, Adolfo Hitler, un cabo resentido que odiaba a la casta de los oficiales (con razón, pues éstos fueron los únicos que intentaron matarlo) y que con ayuda del sufragio universal puso a toda Alemania a marcar el paso.

A propósito de lo cual habría que preguntarse por la causa de la casi desaparición del término *nacional-socialismo*, substituido por *nazismo*. Es canje provechoso para quienes desean alejar la palabra *socialismo* de una aventura criminal. Mas no veo por qué los demás tienen que olvidar el hecho histórico de que *Nationalsozialistische Deutsche Arbeiterpartei* (Partido Nacionalsocialista de los Trabajadores Alemanes) fue el nombre del partido hitleriano. Me dicen que el conde de Stauffenberg, diputado alemán al Parlamento Europeo e hijo del coronel que colocó la bomba contra Hitler en el famoso golpe frustrado de 1944, incita con frecuencia a sus compañeros de los escaños conservadores y liberales a usar correctamente el nombre *nacional-socialismo* en lugar de la abreviatura vergonzante *nazismo*. El conde tiene buenos motivos para querer dejar las cosas claras (a su padre lo fusilaron los nacionalsocialistas) pero no parece que esté siendo muy escuchado.

En otro orden de cosas cómico más que trágico, aunque no exento de posibles consecuencias históricas, está la costumbre cada vez más extendida de llamar *primera dama* a la esposa del presidente del Gobierno de la nación (véase por ejemplo, el «Diario 16» del 15-4-87). Señora a todas luces hermosa, discreta y afable, llamarla *primera dama* es caer en el barbarismo, la cursilería y la ilegalidad. Es barbarismo porque la moda acaba de importarse de los Estados Unidos, donde se apoda First Lady a la mujer del presidente. Es cursilería que de seguro azara a la propia interesada. Y es ilegal pues, que se sepa, este país tiene una Monarquía y si alguien es *primera dama* será Su Majestad la Reina. El Ordenamiento de Precedencias de 1983 tiene grandes lagunas y permitiría en sentido figurado llamar *sexta dama* a la esposa del presidente del Gobierno, aunque otras interpretaciones legales aconsejarían calificarla de *octava dama* o incluso *novena dama,* según se mire. ¿Se imaginan ustedes a un inglés llamado *primera dama* a la señora Thatcher? Aunque de hierro (y primera ministra nada consorte) dicha dama pasa en el protocolo inglés después de una veintena de personas, incluidos dos arzobispos. Y en Escocia todavía más, detrás de varias autoridades locales. Así es que más vale olvidar los ordinales escabrosos.

Y que conste que no atribuyo estos desatinos tan sólo al masoquismo de la derecha y al afán de tabla rasa de la izquierda. Mayormente se deben a la tontuna general.

(9 mayo 1987)

Anima clara

El otro día oí algo muy certero en una conferencia sobre la oratoria. Don Joaquín Calvo-Sotelo, el conferenciante, vino a decir que parecen vanos los esfuerzos de tantos oradores por alcanzar la fama a través de una larga obra de discursos cuando se comparan con la instantánea ascensión del general Cambronne a la celebridad, merced a un solo discurso de una sola palabra. El auditorio de la conferencia era joven y dudo que más de uno o dos oyentes entendiesen la alusión del señor Calvo-Sotelo. Los jóvenes de hoy se privan de mucho honesto placer por falta de cultura, erróneamente convencidos de que cultura equivale a aburrimiento. Ignoraban que la arenga de Cambronne, pronunciada en Waterloo tras ser conminado a rendirse, consistió en la respuesta *Merde*!

Está claro que el apóstrofe de aquel general es un discurso elegante, si aplicamos el concepto de *elegancia* tal como se usa en ciencias físicas y naturales. «La *elegancia* de cualquier generalización científica –dice Edward O. Wilson, el biólogo– se mide por su simplicidad en relación con el número de fenómenos que abarca». Cambronne pudo haber pronunciado un discurso prolijo declarando que por sentido del honor, oportunidad táctica y vergüenza torera no pensaba rendirse sino seguir matando prusianos. Prefirió resumirlo todo en el exabrupto *Merde*! Fue elegante. Pasó a la Historia.

Esta elegancia, hecha de concisión, precisión y claridad a partes iguales, es tan compatible con el desgarro como con la exquisitez. Puede darse en pintadas, gritos callejeros o maldiciones gitanas, pero también en lemas heráldicos, epitafios o viejos textos legales. Donde hoy es ya inútil buscarla es en el «Boletín Oficial del Estado» o en los diarios de sesiones parlamentarias. Así es que más vale fijarse en las sucias vallas. Hace un mes observé en Palencia, cerca de la catedral, esta notable afirmación teológico-política pintarrajeada en una casa en ruinas: *Dios hubiera votado no y el diablo sí*. Aparte de una ingenua fe en el talante democrático de Dios y del diablo, la pintada revela cierto gusto por el misterio, ya que no aclara de qué votación se trataba. ¿OTAN, aborto, LODE? Otra mano, queriendo acaso aclarar, había complicado la cosa al añadir, tajante, *hijos de puta*. Resultaba en cambio inequívoca la ironía de otro letrero de autor anónimo visto en Venta de Baños, importante nudo ferroviario donde es de suponer que los trenes atropellan de vez en cuando a algún borracho en los pasos a nivel: *RENFE, te quiero sin barreras*.

Así pues, la ambigüedad, en general deliberada, es compatible con la claridad formal que exige la elegancia concisa. Buenos ejemplos de ello encontramos en los lemas heráldicos. *Nec metu nec spe* (ni miedo ni esperanza) es gallardo orgullo bastante comprensible, pero en el mismo tono de desencanto valeroso cuesta ya más entender el *Fiel pero desdichado* que aparece –en español, por cierto– en el escudo de la familia Churchill. ¿Quiere decir que se mantendrá la fidelidad a costa de la propia dicha? ¿O a pesar de la deslealtad del soberano? La cuestión, para un hombre de honor, no era baladí. También abunda la concisión misteriosa en las empresas, figuras enigmáticas acompañadas de una divisa, muy apreciadas en el siglo XVII. Una de las «Empresas políticas» de Saavedra Fajardo reza *Más que en la tierra nocivo* y representa un alacrán entre estrellas. Luego aclara el autor que, «aun trasladado el escorpión en el cielo y colocado entre sus constelaciones, no pierde su malicia, antes es tanto mayor que en la tierra cuanto es más extendido el poder de sus influencias venenosas sobre todo lo criado», y que por ello los príncipes han de poner buen cuidado en escoger a quien encumbren, pues «las inclinaciones y vicios naturales crecen siempre». ¿A qué periodista moderno se le hubiese ocurrido un titular tan conciso y elegante como *Más que en la tierra nocivo*?

Pero a veces los hallazgos en este campo lacónico son fortuitos. Leyendo la «Revista General de Marina», de febrero de 1987, encuentro esta frase de un oficial tras disparar los cañones de un barco de guerra: «Artillería sin novedad en material y personal; *ánima* clara.» Esto último significa que las piezas ya no están cargadas y los cañones se hallan limpios. Consultado un amigo capitán de Artillería, me dice que ellos en el Ejército de Tierra dirían *ánima libre*. Celebro la variedad de expresión, que es lo que salpimenta el lenguaje. Pero cualquiera de las dos expresiones sería un buen lema heráldico, y un deseable suspiro antes de morir. El general Cambronne, hecho su grosero y elegante discurso de *Merde!*, agotada la munición, creyéndose al borde de la muerte, hubiera podido declarar con igual concisión y orgullo «*ánima clara*». Incluso «*ánima libre*». A la postre, sólo lo conciso es claro y libre.

(16 mayo 1987)

Proceden dos addenda, uno culto y otro cutre, ambos tajantes.

Addendum cutre:

Nos están meando y dicen que llueve (pintada subscrita en la A de los anarquistas, vista en octubre de 1987 en la calle de Melquiades Biencinto, Vallecas).

Addendum culto:

Nihil obstat (no me refiero al uso habitual de la frase *nada se opone* -resolución favorable de la censura eclesiástica- sino al uso propuesto por Maurice Baring en 1917: lema heráldico de la nueva arma, los carros de combate).

Concisión o silencio

«¿Quieres saber quién soy? Fui. ¿Preguntas qué hago? Me pudro.» (*Scire quis sim cupis? Fui. Quid agam requiris? Tabesco.*) Así dice, brutal y elegante, uno de los mejores epitafios barrocos. Lo cito ahora para volver a la cuestión, ya otro día abordada, de la *elegancia* en el sentido científico de la palabra: economía de medios en una formulación. Como se vio, esta clase de elegancia, pulcra y concisa, es aplicable al lenguaje y compatible con el desgarro de algunas pintadas, con la ambigüedad de ciertos lemas heráldicos y aun con la grosería. Y tal como muestra el epitafio arriba citado, la sobria elegancia de expresión puede también compaginarse con lo macabro. El latigazo final –*Me pudro*– repele y a la vez maravilla con su garbo atroz.

Tampoco el tosco donaire excluye la elegancia lacónica. Se cuenta que determinado diplomático, expedientado y sancionado por el ministro, le envió cuando éste perdió la poltrona política de mala manera un telegrama cuyo texto íntegro era *Ja, ja, ja,* seguido de la firma. Ese telegrama me parece un modelo de elegancia, por burdo que fuese el sarcasmo. A veces el estilo telegráfico es piedra filosofal que transmuta la sal gorda en sal ática.

La elegancia a que nos referimos puede acompañar y dar forma apodíctica a casi todo: a la grandeza iluminada (*En el principio era el Verbo*), al ímpetu revolucionario (*Los trabajadores no tienen nada que perder más que las cadenas),* a la impasibilidad aburrida (*Doctor Livingstone, I presume?*, preguntó Stanley, a cientos de kilómetros de cualquier otro blanco), a la vulgaridad publicitaria (*Es cosa de hombres,* se anuncia un coñac) e incluso a la cursilería (*Poesía eres tú*), aunque reconozco que este último ejemplo es un poco fuerte y cabe rechazarlo.

Tan sólo con tres cosas no se compadece la elegancia lapidaria: con la verbosidad, la imprecisión y la memez. *En*

255

*todo caso habrá una identificación en un concepto mediana-
mente progresista de las intervenciones profesionales en una
sociedad de futuro, pero no más,* contestó el presidente del
Consejo de Aparejadores cuando le preguntaron si los de su
profesión apoyaban al PSOE («*Ya*», 16-2-87). Lo menos que
puede decirse de tal frase es que no es elegante. Pero en
descargo de su autor habrá que añadir que casi todo cuanto
se lee en los periódicos o se escucha en la radio y la televisión está igual de reñido con la elegancia culta o popular. Y
sin embargo ésta, insisto, pervive en los sitios más insospe-
chados. Aflora de vez en cuando en piropos insólitos (*¡Olé
ahí qué vieja tan guapa!,* le dijeron en Jerez a una amiga
mía, y se le saltaron las lágrimas) o en estereotipos surrealistas (disfrutó *como una cerda en una charca*) y suelen estos
hallazgos populares tener un toque mágico común con la
elegancia de otros productos más elaborados, como el decimocuarto verso, perfecto, definitivo, de ciertos sonetos.

A menudo me he preguntado en qué radica la gracia
elegante de estos versos últimos. El brillante soneto de Lope
de Vega sobre «Varios efectos del amor» tiene trece versos
de apretado catálogo, irónico y tierno, donde ni uno solo de
los síntomas del enamoramiento falta. Y un decimocuarto
verso, final, en que el autor, habiendo acostumbrado ya al
lector al ritmo del galope, al alegre desfile nervioso de
infinitivos y adjetivos, lo sorprende con quiebro y cabriola:
Esto es amor. Quien lo probó lo sabe. Tras la sorpresa
deliciosa, uno lee y relee este verso y comprende que tenía
que ser así, que por fuerza eran éstas y así ordenadas las
palabras que habían de cerrar el soneto. El lector tiene una
sensación contradictoria de sorpresa e inevitabilidad. Comprende que se podría pasar la vida intentando mejorar esta
expresión y no lo conseguiría, como nunca lograría mejorar
el teorema de Pitágoras. $a^2 + b^2 = c^2$ no es una ecuación
perfectible; tampoco lo es aquella serie de ocho palabras
vulgares y corrientes tal como las dispuso Lope. Ambas
formulaciones son perfectas, luego elegantes.

Otro tanto podría decirse de los versos finales en ciertos
sonetos de Garcilaso (*A quien fuera mejor nunca haber*

visto), Quevedo (*Polvo serán, mas polvo enamorado*) o Bocángel (*¿Quién puede amar seguro en su firmeza?*). Pero hay que reconocer que la forma completa del soneto es en sí tan concisa y perfecta que resulta en general imprescindible contemplarlo entero para apreciarlo, o releer al menos el último terceto. En los de Shakespeare los dos últimos versos, consonantes, suelen ser broche con luz propia, hecho de palabras sencillas que el genio hace brillar y sorprender. Cuando tras ensalzar al ser amado se erige en garante de lo imperecedero de su belleza, terminando *So long as men can breathe, or eyes can see / So long lives this, and this gives life to thee,* no sabe uno qué admirar más, si su orgullo de poeta o la elegancia de su concisión.

Pero acaso la última palabra en elegancia y también en orgullo no sea nada de esto. Tal vez haya que dejársela a Vigny, o mejor dicho al lobo que muere, estoico, en su poema. *Seul le silence est grand; tout le reste est faiblesse.* Sí, quizá *sólo el silencio es grande, debilidad el resto.*

(23 mayo 1987)

————

A propósito de esta curiosa *inevitabilidad* de ciertos sonetos y la concisión lapidaria de sus finales, me recuerda don Luis Jessen un admirable tercero último de Garcilaso de la Vega, que culmina con un verso final de rara perfección sencilla:

Sobre todo, me falta ya la lumbre
de la esperanza, con que andar solía
por la oscura región de vuestro olvido.

De su antología de sonetos del siglo de oro español, don Antonio Elías entresaca y me regala estos versos:

ULTIMOS VERSOS

Más quiero estar caído que pendiente
(Antonio de Solís)

Amar es fuerza, y esperar locura
(Villamediana)

DISTICOS FINALES

Que no por sed de peregrinos bienes
te han de ver las estrellas peregrino
(Bartolomé L. de Argensola)

Huyó lo que era firme, y solamente
lo fugitivo permanece y dura
    (Quevedo, «El Parnaso Español»)

TERCETOS FINALES

Por costumbre los yerros hacen curso
y la constancia inútil, en el daño,
por honra tiene ya lo que es porfía
    (Villamediana)

Derrita el sol las atrevidas alas,
que no podrá quitar al pensamiento
la gloria, con caer, de haber subido
    (Villamediana)

Perdona lo que soy por lo que amo,
y cuando desdeñosa te desvíes
llévate allá la voz con que te llamo
    (Quevedo, «Las tres musas últimas castellanas»)

ESTROFAS O VERSOS AFORISTICOS NO FINALES

Muerto sí me verán, mas no distinto
    (Bocángel, «Lira de voces sacras»)

Quejas de la virtud tiene la vida,
pues causa fue su perfección temprana
de evitarle más años, por ociosos
    (A. de Salazar y Torres)

Ayer se fue, mañana no ha llegado,
hoy se está yendo sin parar un punto,
soy un fue y un será y un es cansado
    (Quevedo)

A vueltas con lo cursi

Temí graves represalias por mi reciente artículo sobre *cursi.* Ni una sola he sufrido. He recibido, en cambio, envueltas en plácemes, cinco glosas pertinentes sobre tan seminal concepto, completando lo que dice el diccionario etimológico de Corominas y mejorando lo que dije yo. En vista de su interés, resumo estas acotaciones.

En el *«ABC»* de Sevilla (28-3-87), don Pedro Payán Sotomayor recuerda un ejemplo (hallado por Ramón Solís) de uso impreso de la palabra *cursi* en Cádiz, en 1842 (bastante anterior a la primera documentación, de 1865, que recoge Corominas), y discrepa con éste y con su escepticismo ante la teoría del origen metatético de dicha voz. Insiste en que *cursi* nació con una copla en burla de *las niñas de Sicur/Sicur, Sicur, Sicur,* hijas de un sastre francés de Cádiz.

Desde La Línea de la Concepción me escribe don Miguel Moreta, señalándome también otro uso documentado de *cursi* anterior al que da Corominas: una carta de Juan Valera fechada en San Petersburgo, 4 de marzo de 1857. Y desde Córdoba me ilustra don Manuel Fernández de Escalante al apuntar que *«cursi,* según Tierno –y te hablo de cuando yo *cursaba* (Tierno dixit) segundo de Derecho, un poco después de la rehabilitación de Fray Luis– venía de *cursiva,* tipo de letra refitolera y *cursi.* Según don Enrique sólo podía ser *cursi* quien temía serlo pues aquél a quien le daba igual no podía incurrir en esa flaqueza (él decía *faiblesse* para *epatar).* Deduzco que Hitler rondaba lo cursi, Stalin no, pero son opiniones». Opiniones potísimas, creo yo.

Otro aficionado, don Ion de la Riva, me escribe, desde Madrid, con amable queja: «Me hubiera gustado de todas formas que aclarases más los términos extranjeros similares. ¿Qué es, por ejemplo, *tacky, phoney, corny, kitsch, gaudy* (aplicado este último a colores horteras), etcétera? Cuando se trata, con amigos extranjeros, de diferenciar todos estos términos se llega a la conclusión de que muchas veces empleamos lo *cursi* para describir lo *hortera* y viceversa.» Esto último es cierto y deplorable; lo anterior es atendible pero no puedo atenderlo por ahora. Algún comentario tengo que dejar para una futura recopilación de guirigayes.

Pero la mejor sorpresa me llega de Argel. Don Javier Sangro y de Liniers (*Servía en Orán al Rey / un español con dos lanzas*) me envía fotocopia de una rareza bibliográfica, el libro escrito en 1868 por su antepasado Santiago de Liniers al alimón con Francisco Silvela, y titulado la *Filocalia o Arte de distinguir a los cursis de los que no lo son, seguido de un proyecto de bases para la formación de una hermandad o club con que se remedie dicha plaga.* La obra es un filón para lingüistas e historiadores de talante sociológico, un suplicio para cursis de entonces y de ahora y un deleite para cualquier lector que aprecie el ingenio cáustico.

Empieza definiendo lo cursi como *una aspiración no satisfecha; una desproporción evidente entre la belleza que se quiere producir y los medios materiales que se tienen para lograrla.* Luego precisa más el concepto, aclarando ante todo que *el ser cursi es independiente de la posición, de la riqueza y hasta de la belleza natural de un sujeto.* Dedica especial atención a los nuevos ricos –que abundaban tanto en aquellos tiempos prerrevolucionarios, postrimerías del reinado isabelino, como ahora– pero con buen cuidado de no atribuirles ipso facto cursilería: *No todos los millonarios improvisados son cursis. En todo hay exageraciones. Hay unos (y éstos son los menos) que con el dinero adquieren hábitos de elegancia y de buen gusto. Hay otros (y éstos son los más) que con el dinero adquieren el hábito y la costumbre de guardarlo. Estos son cutres y avaros, pero no cursis, porque no quieren pasar por elegantes ni artistas.* Observemos de paso un buen ejemplo del uso tradicional de la palabra *cutre* (tacaño), cuya boga actual no es neologismo como muchos creen sino renacimiento, a lo sumo con un matiz más acusado de sordidez bohemia, propia de la *movida* y de lo *posmoderno.*

Pero lo mejor de *La Filocalia* está en sus ejemplos. Para ingresar en el club había que acreditar algún rasgo heroico, como *no haber hecho jamás el amor en la Zarzuela* (sic, quiere decir no haber hecho la corte en el teatro) o *haber dado muerte al autor de la polka «El Ferrocarril» o a cualquiera de sus ejecutantes* (hoy en vez del *Ferrocarril* pondríamos *De niña a mujer,* de Julio Iglesias). Grave indicio de corrupción del gusto, que podía llevar a la expulsión del club, era poseer *cantidad manifiestamente exagerada de pensamientos secos o de rosas marchitas, que evidentemente excedan de la justa proporción de dos por querida con tiestos, y de cuatro por novia sin jardín* (hoy colocaríamos el listón en *haber visto más de una película de Fassbinder por novia progre).*

No se crea, sin embargo, que Silvela y Liniers eran Savonarola y Robespierre. Eran hombres de mundo capaces de cierta indulgencia: *¿Quién no es cursi?, dirá el lector lleno de desconfianza y de temor. Tranquilícese. Lo indisculpable en la cursería es la contumacia y la complacencia en ella; el que es una vez cursi por casualidad, por obligación, por política o por economía es sólo un cursi accidental que merece disculpa, y a quien la sociedad de las gentes de buen gusto no impone más castigo que llorar su momentáneo extravío.*

Así es que lloremos, lectores, lloremos, que todos hemos citado alguna vez a Antonio Machado. Nuestra única excusa es haberlo hecho por complacer a algún director general o para seducir a su hija.

(13 junio 1987)

Me señala don Emilio Cassinello que Tierno expuso sus teorías sobre este asunto en el ensayo «Aparición y desarrollo de nuevas perspectivas de valoración social en el siglo XIX: lo cursi», publicado en 1952 y recopilado en 1961 en «Desde el espectáculo a la trivialización».

En cuanto a la pregunta de don Ion de la Riva, constituye una buena prueba de sus conocimientos del inglés pero también de que en dicha lengua es imposible traducir *cursi* con una sola palabra, y hay que recurrir a la acumulación de términos próximos, uno o varios por matiz semántico. *Tacky* es adjetivo de varias acepciones, pero aquí interesa la de *carente de elegancia. Phoney* o *phony* es *falso, postizo. Corny* significa *empalagosamente sensiblero. Kitsch,* germanismo recientemente entrado en la lengua inglesa a través de los Estados Unidos, es lo que más se aproxima a *cursilería,* y el Webster's lo describe como *mal gusto pretencioso, especialmente en las artes. Gaudy* se aplica, en efecto, a los colores *chillones y llamativos,* pero en un sentido más general el Webster's lo define –con patricio aplomo y notable sobriedad– de esta manera: *Demasiado adornado para ser de buen gusto.*

¿Ise, oé?

¿Ha dejado usted de pegarle a su mujer, sí o no? Esta pregunta es, según los analistas del lenguaje político americano, paráfrasis de las que algunos tribunos se hacen entre ellos y hacen al electorado. Si uno contesta *sí* está reconociendo que antes vapuleaba a la parienta; si dice *no,* confiesa que sigue siendo una bestia odiosa. Ni siquiera es una trampa saducea, es un sofisma muy burdo. Pero eficaz, a juzgar por lo ocurrido en el Parlamento de Andalucía.

Según «*La Vanguardia*» (19-5-87) todos los diputados autonómicos andaluces, todos sin excepción, votaron a favor de una resolución de Izquierda Unida pidiendo a la Junta «que promueva el *uso y prestigio* de las hablas andaluzas y que se evite cualquier tipo de discriminación frente al modo *norteño* de la lengua castellana».

Como la noticia periodística no reproduce el texto íntegro de la resolución, queda la tenue esperanza de que el fin único de ésta fuese evitar el injusto –e infrecuente por lo demás– desprecio hacia el acento andaluz, pero al usar la expresión *hablas andaluzas* parece querer ir mucho más lejos («Sistema lingüístico de una comarca, localidad o colectividad, con rasgos propios dentro de otro sistema más extenso», dice de *habla* el Diccionario.) Así es que yo, si en vez de simple andaluz de a pie fuese padre de la nueva patria *andalusí,* habría reservado mi voto con los siguientes considerandos:

1.º El «Vocabulario andaluz», de Alcalá Venceslada, único diccionario solvente en la materia, se abre con la observación –no por evidente menos útil– de que «el andaluz sólo es dialecto en su fonética», y a renglón seguido cita a Juan Valera: «Mucha gente de Castilla pudiera ir por allá a aprender a hablar castellano, ya que no a pronunciarlo.»

2.º Existen, eso sí, preferencias andaluzas dentro de las diversas series de sinónimos españoles. Si preferimos decir *alcancía* en vez de *hucha* estamos en nuestro derecho, y no creo que nadie nos lo venga a discutir. También hay algunas palabras de exclusiva vigencia regional y aun local. Ahí empiezan las dificultades, pero superables con un poco de sentido común. Yo en Jerez digo *chícharos* por *guisantes,* pero como sé que en otros lugares de la propia Andalucía chícharo equivale a *alubia* y en Madrid no significa nada, me abstengo de usar la palabra fuera de mi comarca, igual que un chileno sensato no habla en España de la polla refiriéndose a la lotería. Por el camino contrario, localista a ultranza, se llega en ocasiones a las bofetadas y siempre al idiolecto o uso individualizado e incomprensible del idioma, a la pérdida de la función comunicadora de la lengua. La jerga de tal colegio, el lenguaje secreto entre hermanos, incluso las ternezas que se inventan las parejas, pueden tener gracia pintoresca, pero constituyen una reducción al absurdo de la atomización lingüística. No creo que el Parlamento andaluz nos quiera meter en ese callejón sin salida, pero a veces lo parece.

3.º En cuanto al acento andaluz, es tan variado en esencia y en intensidad que resulta cuando menos imprudente atribuirle virtudes taumatúrgicas. Recuerdo a Gregorio Peces-Barba repitiendo durante todo un verano de mili, con incrédulo asombro, este diálogo oído en una calle de San Fernando: ¿*Ise, oé*? *A, ooneh* ¿*Ose, oé*? (*Ise* significa qué dices; *a,* nada; *ose,* entonces, y dejo a la imaginación del lector traducir el resto, sarta de tacos incoados y sincopados.) Junto a esos borborigmos, en San Fernando como en el resto de Andalucía, entre pobres y entre ricos, cultos como incultos, se puede oír también un español suave y refinado, dicho con voz pausada. Un español decoroso y además con mayor raigambre andaluza, como acaba de recordarnos un granadino, don Gregorio Salvador, en su libro «Lengua española y lenguas de España», donde oportunamente señala cuán reciente (poco más de un siglo) y fragmentaria es la expansión de fenómenos evolutivos como la pérdida de la ese final en la pronunciación andaluza. ¿Por qué convertir en símbolo algo tan cambiante y accesorio? ¿Por qué no, en cambio, nuestra riqueza de léxico, nuestra mayor corrección gramatical, nuestro rechazo del cutre laísmo madrileño?

4.º La búsqueda ansiosa de hechos diferenciales reales o ficticios nos produce desconfianza a muchos andaluces. Tengo ante mí un cartel, arrancado de una pared en Córdoba hace unos meses, que anuncia clases de árabe, «la noble lengua de nuestra Córdoba olvidada, jamás perdida». La ambigüedad del texto puede provocar sonrisa o inquietud. En mí, por ahora, lo primero. Pero sin olvidar que, según un sondeo citado en el mismo artículo de «*La Vanguardia*», los partidarios de la independencia andaluza pasaron de ser el 1 por 100 en 1976 al 5 por 100 en 1982. Y sin olvidar que la estupidez humana es fuerza aún más poderosa que la maldad. Así es que me atrevo a pedir a mis representantes autonómicos que la próxima vez que les hagan una pregunta absurda no contesten con un brindis al sol. Les sale tan mal que parece un brindis a la media luna.

(20 junio 1987)

Este artículo disgustó a muchos, cosa que celebro pues también debió de disgustar a muchos el grito del niño advirtiendo, en el cuento famoso, que el emperador iba desnudo. Señalar que un supuesto nuevo ropaje es inexistente, por fuerza ha de irritar a los más y regocijar a los menos.

El «*ABC*» de Sevilla (25-6-87) publicó la siguiente carta:

Señor director: como profesor de Sociolingüística Andaluza de la Universidad de Sevilla y como autor de numerosos artículos sobre «Las hablas andaluzas» publicados en el «*ABC*» Literario me siento obligado a hacer algunos comentarios al artículo firmado por Tamarón con el título «Ise, oé» (Sábado, 20-6-87):

Parece que Tamarón se extraña y alarma porque «todos los diputados autonómicos andaluces, todos sin excepción, votaron a favor de una resolución de Izquierda Unida pidiendo a la Junta que promueva el uso y prestigio de las hablas andaluzas...»

Nuestros diputados, en este caso, piden solamente que se cumpla el artículo 3.3 de nuestra Constitución: «La riqueza de las distintas modalidades lingüísticas de España es un patrimonio cultural que será objeto de especial respeto y protección».

Tamarón, con el título «Ise, oé», no promueve, a mi entender, ni el respeto ni el prestigio de nuestros usos lingüísticos.

La expresión las hablas andaluzas, que tanto alarma a Tamarón, es la más adecuada para denominar la realidad lingüística andaluza actual, ya que en Andalucía no existe un habla sino una pluralidad de hablas. Tamarón parece desconocer que esta terminología es hoy usual entre los especialistas en temas lingüísticos andaluces.

Dice Tamarón: «La búsqueda ansiosa de hechos diferenciales reales o ficticios nos produce desconfianza a muchos andaluces». Respeto esa actitud de desconfianza, pero creo que la mejor actitud en la actualidad es la siguiente: Insistir, como hace Tamarón, en que la lengua de los andaluces es la lengua española y potenciar su unidad, que permita la intercomprensión entre todos los hispanohablantes pero, al mismo tiempo, insistir y potenciar igualmente el hecho diferencial: la modalidad de la lengua española en Andalucía tiene una serie de rasgos diferenciadores (no exclusivamente fonéticos) que le dan una gran personalidad. Por tanto también hay que hacer conocer, prestigiar, respetar (¡y amar!) esas características de las hablas andaluzas que tanto contribuyen a nuestra identidad cultura.–*Miguel Ropero Núñez.*

He de reconocer que el profesor Ropero argumenta cortésmente, pero al final le falla la lógica al proponer la cuadratura del círculo.

«Jóvenes bárbaros, miradas claras»

Los americanos acaban de caerse del guindo. Nosotros aún no. Ellos han descubierto oficialmente que sus jóvenes son analfabetos. Ya lo sabían, pero como no tenían estadísticas ponderosas que demostrasen científicamente lo que saltaba a la vista, no terminaban de creérselo. Ahora se ha publicado una serie de encuestas y análisis –resumidos en el *«Newsweek»*, 20-4-87– que no dejan lugar a dudas. Las dos terceras partes de los estudiantes de dieciocho años son incapaces de fechar la Guerra de Secesión con menos de medio siglo de error (y ni siquiera pueden entender bien «Lo que el viento se llevó» en la televisión), la mitad de ellos no saben quiénes eran Stalin y Churchill, y una tercera parte cree que Colón descubrió América después de 1750. Hubo alumnos de la Universidad de Harvard que aun después de oír la conferencia del Rey Don Juan Carlos seguían sin saber de qué país era soberano. Y está documentado el caso de la estudiante de latín convencida de que aprendía la lengua de *Latinoamérica,* chica ésta que al menos acreditaba más lógica que los inventores del término Latinoamérica y tanta tenacidad asnal como los que están consiguiendo implantarlo en España.

El mismo *«Newsweek»,* progre por lo común, acepta una explicación del desastre basada en la influencia corruptora de Rousseau sobre los educadores modernos, que terminan viendo al niño como «un ser con demasiada grandeza de ánimo para el mero aprendizaje maquinal». En España ocurre lo mismo, pero no nos hemos enterado. La enseñanza secundaria dejó de enseñar hace unos veinte años, la universitaria empezó a desintegrarse y está ya hecha polvo, todo ello como resultado de unas leyes bienintencionadas y cada vez más rousseaunianas. Los «jóvenes bárbaros, miradas claras» del soneto del Marqués de Saavedra no son sino resultado de decisiones políticas y educativas de sus mayores. Es natural que no sepan nada, que menudeen en el primer curso de Arquitectura quienes ignoran si el románico es anterior o posterior al gótico, que en Ciencias Políticas se expliquen las ideas de Montesquieu como «producto de la personalidad de un protestante». Ni siquiera se ha cumplido la profecía de Tierno sobre la difusión de unas «nuevas humanidades» que substituirían a las clásicas: los universitarios de hoy tampoco saben economía, sociología o historia contemporánea.

Mas con ser importante todo esto, lo es menos que el fenómeno paralelo, el empobrecimiento del idioma. Una sociedad compleja y rica puede quizá funcionar desconociendo su propia historia y cultura pasada, pero dudo que pueda funcionar, incluso materialmente, cuando sus supuestas minorías rectoras no sepan más allá de mil palabras. ¿Cómo van a enunciar y aplicar normas organizativas con tan parvo vocabulario? Sin una lengua rica no hay matices, y la única ley sin matices es la de la selva.

No se trata, me apresuro a aclarar una vez más, de un problema de neologismos. Estos no son, en sí, ni buenos ni malos. Su bondad o maldad dependen de que enriquezcan o empobrezcan la lengua. *Pasota* es un neologismo bueno porque acrecienta el léxico español; *rollo* es un neologismo malo porque para implantarse ha tenido que desterrar a una docena de términos más precisos como *actividad, asunto, obligación pesada, diversión,* en un delirio de polisemia empobrecedora. Por descracia la mayoría de los neologismos juveniles tiende a la imprecisión, luego al empobrecimiento. Lo cual no es de extrañar: el joven que nunca tuvo mucho trato con sus padres –por comodidad de éstos– y a quien el sistema educativo exige poco –también por comodidad, o por demagogia–, ese joven, que además no lee porque existe la televisión, tenderá a inventar un idioma muy simple aprovechando las pocas palabras aprendidas, a las que atribuirá caprichosamente significados muy amplios y variados.

Tan sólo una inocente ansia de modas cambiantes enriquece su lengua con palabras efímeras de apariencia culta. El último de estos vocablos en boga es *lógicamente,* el más ilógico de los feos adverbios terminados en *mente.* Ya no se oye *como es natural, por supuesto, por consiguiente, desde luego* o *claro está,* con sus respectivos matices de significado. El nuevo talismán lingüístico, santo y seña de nuestros futuros amos, es *lógicamente,* mientras que sus padres, igual de simples, prefieren el fetiche *obviamente,* que pronuncian *obiamente.* El pasado 27 de abril oí por *Radio El País* una voz joven, simpática, desenfadada, diciendo que «en Madrid la población canina es de unos cien mil animales, y esos animalitos tienen que hacer *lógicamente* caquita». Me sorprendió. Mi perro, que es un fox-terrier, la hace biológicamente.

(27 junio 1987)

Yo me entiendo

Yo me entiendo, dicho con un leve resoplido de nariz, significa por lo común «no soy más explícito para no llegar a las bofetadas, pero si usted fuese menos hipócrita se daría por aludido». Sin embargo otras veces, acompañada la frase de un encogerse de hombros, quiere decir: «Ya sé que me explico mal, pero me faltan palabras para hacerlo mejos.» Cauta insolencia hay en el primer caso; pereza o ignorancia en el segundo. Y como estamos entrando en una era lingüística vaga –de vaguedad y de vagancia– habrá que acostumbrarse a un frecuente *yo me entiendo,* tácito o expreso, que pretenda justificar la obscuridad y la imprecisión crecientes. Sirvan de ejemplo de esta actitud idioléctica algunas citas agrupadas en tres categorías de menor a mayor gravedad.

1.º Erratas. No son muy nocivas, pues tan sólo mortifican a los autores, que somos pocos, y regocijan a los lectores, que son muchos. Aquello en el «BOE» sobre el Consejo General del Joder Judicial *(yo me entiendo,* pensaría el tipógrafo) alborozó al respetable. Como debió de alegrar a miles de funcionarios de Hacienda, siempre ávidos de carne fresca, leer que en cierta boda, celebrada en plena época de declaración de renta, «portaban las arras los niños..., sobrinos de los *contribuyentes»* («ABC», 17-6-87). El lapso puede incluso convertirse en *felix culpa,* añadiendo galanura al escrito, como ha recordado Julio Cerón en admirable apotegma: *No hay errata que no ennoblezca y perfeccione su texto* («ABC», 30-8-85). Entiendo, empero, que tan sólo la errata perversa produce en el lector la deseable catarsis. El error ha de ser surrealista para que nos sobrecoja y haga recapacitar sobre lo leído: confundir la *gimnasia* con la *magnesia* es ejemplo tradicional de este auténtico género literario. Por desgracia, sin embargo, las más de las erratas son producto trivial de la negligencia y carecen de interés. Escribir *llegar* por *llenar* o *llevar* es un mero estorbo para el lector salvo que el contexto sea muy particular y el yerro conduzca a un malentendido escabroso.

2.º   Ignorancia crasa. Esto es ya más pernicioso para la salud mental y lingüística del público, sobre todo si va mezclado con fuertes dosis de pedantería. Cuando se oye a doña Esperanza Roig (en Radio Nacional, 6-3-87) decir «si no estoy trabajando en el teatro o en el cine vivo retirada, tranquila, hago vida *monegasca»,* uno empieza por reírse al adivinar que la cómica quería decir «vida *monacal»,* cosa ésta bastante distinta de la existencia que según la Prensa del corazón se lleva en Mónaco. Pero el asunto empieza a preocupar cuando se descubre que estos disparates en el lenguaje no son gazapos ocasionales, sino la forma habitual de expresarse de nuestros más cotizados *formadores de opinión.* Diríase que emplean vocablos cultos a voleo, sin conocer ni importarles su significado. «Los ilustrados nacen en Europa con la Revolución francesa», escribe don Francisco Umbral (en «El País», 21-6-87) y se queda tan ancho. Don Feliciano Fidalgo dice *lección magnífica* por *lección magistral* («El País», 1-2-87) sin tan siquiera murmurar *yo me entiendo.* Y hace poco pudimos leer, a propósito de la muerte de Virginia Cleo Andrews, que era «la reina de la *novela gótica,* como llaman aquí a la *novela rosa* norteamericana... Para novelas rosas, hay demasiada sangre en ellas». («ABC», 23-12-86). Pues ¿no va a haber sangre si la novela gótica se caracteriza por su ambiente de misterio y terror, antítesis de la novela rosa? Conviene, pues, desconfiar de cualquier término culto que leamos u oigamos en los medios de comunicación; lo probable es que su autor lo desconozca.

3.º Imprecisión radical. Es el más insidioso de los tres fenómenos. Consiste en privar a las palabras de todo sentido concreto, agrupándolas en vastos campos semánticos con lindes indefinidas. Hasta ahora esto sólo ocurría con los improperios. Da igual llamar a alguien cabrón que llamarlo hijo de puta; no se está opinando sobre la virtud de su esposa o la de su madre, tan sólo se pretende insultar a alguien. Pero empieza a ocurrir lo mismo con el léxico de uso más general. En la política, sobre todo, se pueden usar como sinónimos conceptos tan distintos –y aun antónimos, según Ortega y Gasset– como democracia y libertad, o justicia e igualdad. No es de extrañar, si se piensa que cada uno de estos conceptos es en sí susceptible de múltiples interpretaciones. Sin ir más lejos, la palabra democracia. Un editorial del «Diario 16» (22-4-87) empezaba con la afirmación más caprichosa que he visto en lo que va de año: «Con la democracia ocurre algo semejante a con (sic) el embarazo femenino: se es o no demócrata, como está o no está encinta una mujer. No caben medias tintas o ambigüedades.» La verdad es que caben todas las ambigüedades imaginables, en el espacio (democracias occidentales, orientales, municipales de León, tercermundistas, parlamentarias, presidenciales, etcétera), y no digamos en el tiempo (a un demócrata ateniense clásico le parecería depravada nuestra democracia, donde votan mujeres, esclavos y jovenzuelos; a nuestros nietos les puede parecer monstruoso que no dejemos votar a niños o criminales o, por el contrario, que nuestra sociedad conceda más fácilmente el derecho al voto que el carné de conducir...).

No le faltaba razón a don Felipe González cuando declaró («Diario 16», 25-3-87) que «los apelativos neoliberal, liberal, socialista y conservador están actualmente vacíos de contenido». Seguramente lo que quería decir es que están sobrados de contenidos, todos ellos contradictorios entre sí. Para dejarlo claro sólo le faltó añadir *yo me entiendo*.

(11 julio 1987)

_____

La realidad, una vez más, supera a la literatura: cuando fui al periódico para corregir las galeradas de este artículo me encontré con mi cita de Cerón («No hay errata que no ennoblezca y perfeccione...») convertida en «No hay *etarra* que no ennoblezca y perfeccione...» ¿Astuta quinta columna en el «ABC» u obra maestra del humor negro? Nunca se sabrá.

Caprichos

«Capricho viene de *cabra*», advertía incansable Eugenio d'Ors, añadiendo que frente a la desrazón arbitraria, contra el quehacer de la Cabra diabólica y anárquica, lucha el Angel, que es orden y es luz. Dos objeciones cabe oponer –en Filología, que no en Teología o Historia– a esta visión agonística. El primer reparo toca a la etimología del propio término *capricho*. Es seguro su origen italiano –*capriccio*– y probable en este vocablo el influjo de *capra,* bicho antojadizo como el que más. Pero parece que mucho antes se usaba en italiano la forma *caporiccio* (de *cabeza erizada* de horror) en el sentido de *horripilación, escalofrío*. Según Corominas, la evolución semántica sería horripilación > impresión súbita, ocurrencia extraña de un artista > antojo. La segunda objeción, más general, atañe a la supuesta esencia misma del capricho, la fugacidad, y quedó bien formulada por Oscar Wilde: «La única diferencia entre un capricho y una pasión eterna es que aquél suele durar más.» Esto, tan frecuente en los sentimientos –el ligue convertido en amor perpetuo, la ojeriza en odio africano–, tiene su paralelo en el arraigo de las palabras. Nunca se sabe cuándo un neologismo de aspecto efímero va a echar raíces idestructibles. Si el vocablo advenedizo se impone y permanece, crea su propia legitimidad, el antojo anárquico se vuelve orden, cesa la lucha entre la Cabra y el Angel, quizá porque en el fondo nunca la hubo: se trataba de un *capricho angélico*. Si por el contrario el neologismo resulta fugaz, se trataba de un auténtico *capricho caprino*.

Sería grato e instructivo poder vaticinar larga o corta vida a cada palabra que nace. Pero como su longevidad depende tanto o más del antojo que de su utilidad o su belleza, cualquier pronóstico es vano. Podemos, eso sí, levantar actas de nacimiento y opinar sobre la hermosura e inteligencia de las nuevas criaturas. Ahí van, pues, extractos del registro civil de algunos caprichos recientes:

275

La crème de la crème. Aunque parezca mentira, este capricho teratológico empieza a menudear en la Prensa de nuestro país como sinónimo de *la flor y nata.* Sospecho que se trata de un galicismo inglés; quiero decir una expresión compuesta con palabras francesas pero infrecuente en Francia y usada en Inglaterra. Hace poco la he visto en «Cinco Días» (30-VI-87) mal escrita, con acento agudo (*créme*), y en un anuncio de exquisiteces culinarias de Aurrerá en el «*ABC*» (4-VII-87), también mal escrita pero con acento circunflejo (*crème*, sin duda más elegante por más exótico). Es cursilería tan flagrante que puede muy bien terminar imponiéndose. Habrá entonces que resignarse a que la *flor de Olmedo* sea la *crème de la crème de Olmedo* y a que «en Chicote un agasajo postinero con la crema de la intelectualidad» sea con la *crème de la crème* de la progresía.

Demonizar. No, no es *endemoniar.* Según los Jueces para la Democracia (en «*El País*», 10-VII-87), el ministro del Interior los *demoniza* (cuando los *culpa* o *acusa* de no reprimir el terrorismo y demás delitos). Para mí que el sufrido señor Barrionuevo más que *demonizar* a los tales jueces lo que quiere es *exorcizarlos,* que falta les hace.

Shandy. Se anuncia mucho ahora una bebida así llamada y subtitulada *limonada con cerveza* («*ABC*», 21-VI-87). Si no es más que eso, limonada con cerveza, ¿por qué no la llaman una *clara,* nombre tradicional en España de tal mezcla? *Shandy* figura en el diccionario inglés como nombre común –no marca comercial– de dicha bebida, y es substantivo traducible. Cierto es que *clara* no figura en nuestro diccionario con esa acepción, pero ahora que la Real Academia ha admitido el *carajillo* de café con aguardiente (don Fernando Lázaro Carreter nos dio la buena noticia en el «*ABC*», 4-VII-87) podría dar entrada en el D.R.A.E. al refresco. *Clara* se encontraría allí con *clarea* («bebida que se hace con vino claro, azúcar o miel, canela y otras cosas aromáticas»). Arcaísmo por cierto este último ya hoy desplazado por el anglicismo *cup,* que los entendidos pronuncian *cap.*

Califas. Comienza a usarse en plural para designar a los

principales políticos socialistas en Andalucía. **Hasta ahora** era mote privativo del alcalde comunista de Córdoba, y ese singular resultaba lógico, puesto que *califa,* como madre, «no hay más que uno y a ti te encontré en la calle». Puestos a pluralizar, mejor hubiera sido apodar a los primates socialistas reyes de *taifas* o *jeques* (si se quiere conservar el tono moruno), *caciques* (si se prefiere el aroma caribeño) o *rabadanes* (por lo bien que nos pastorean). Pero todo, incluso el error histórico de *califas* en plural, suena mejor que *barones,* como solía llamarse a los capitostes de la UCD. Esta acepción política de *barones* es anglicismo (los barones de Juan Sin Tierra le arrancaron la Magna Carta) pasado por Francia (en cuya V República llamaban *barones* a los cabecillas gaullistas).

¿Cuáles de estos caprichos serán angélicos y duraderos, cuáles caprinos y huidizos? Ojalá dependiese ello del pueblo soberano. Me temo, sin embargo, que la balanza la inclinen los rabadanes televisivos que en la caja tonta enchiqueran a nuestra lengua.

(25 julio 1987)

Fui justamente amonestado por don Fernando García-Pelayo, en carta del 28-7-87, de esta manera:

«Siempre leo con profundo interés sus colaboraciones en el «*ABC*» Literario ("El guirigay nacional").

Por llevar yo unos treinta años trabajando en los diccionarios Larousse, es inevitable que coteje sus comentarios con nuestras obras. Y resulta que casi siempre lo que Vd. echa en falta en el DRAE ya lo tenemos nosotros en nuestros diccionarios, a veces desde hace muchos años. Así ocurre con el *carajillo* y con el *bocadillo* (de los tebeos). Igual ocurre con la *clara* (cerveza con gaseosa)».

La verdad es que yo nunca he echado de menos el *bocadillo* de los tebeos, pues los únicos tebeos que leo, robados a mi hija, son franceses y en ellos el *bocadillo* o palabras que salen de la boca de los personajes se llama *bulle* o *philactère.* Y el *carajillo* que a tantos embriaga a mí no me gusta por almibarado, aunque celebro su inclusión en el Diccionario de la Real Academia. Pero es cierto que no había manejado el Larousse de la Lengua Española, y que ahí sí figura la refrescante *clara.* Desde ahora seré devoto admirador de los herederos de Monsieur Larousse.

Ajustes finos

Entre otros neologismos en agraz –incipientes frutos lingüísticos de la imaginación popular o de la cursilería de nuestras clases dirigentes– podemos destacar unos cuantos cuyo rasgo común es su incierto porvenir. No es posible aún saber si son caprichos angélicos llamados a granar y durar o caprichos caprinos de corto futuro. Juzguen ustedes.

Ajuste fino. Término usado hace poco por el portavoz del Gobierno, don Javier Solana, y a renglón seguido por el ministro de Economía, señor Solchaga, en el sentido de *leve corrección* o *ligero cambio de rumbo* de la política gubernamental (véase el «*Ya*» del 17-6-87). Supongo que es traducción del *fine tuning* inglés, tan conocido por el letrerito que en las radios lujosas indica cómo centrar la emisora una vez que se ha encontrado su frecuencia aproximada, y empleado también por los economistas refiriéndose al *retoque* de los objetivos o actuaciones de un agente económico. A mí no me parece tan mal la expresión *ajuste fino,* pese al pitorreo general que ha acogido al neologismo. Podían los ministros haber recurrido al viejo verbo *afinar* (un *instrumento* o un *aparato,* que es tanto como *templarlo*), pero para eso tendrían que haber reconocido antes que estaban *desafinados* o *destemplados.* Y no podemos pedir ciertas sinceridades a los políticos. Recuerden ustedes la que se armó en el Congreso cuando el señor Peces-Barba advirtió al predecesor del señor Solchaga: «No le funciona a usted el *aparato,* señor Boyer.» Si le hubiese dicho «proceda usted a un *ajuste fino* de su micrófono», no habría pasado nada.

Yavalismo. Significa propensión a la chapuza, a despachar toda obra pronto y mal so pretexto de que *ya vale, ya vale.* Aprendí esa palabra hace años del Marqués de Benemejís, que a su vez cree recordar habérsela oído a Víctor de la Serna (1896-1958). Nunca la había yo visto escrita cuando la empleé en estas páginas («*ABC*», 18-5-85). Después se la he leído a Luis Ignacio Parada (*«ABC»*, 25-2-86) y a Francisco Armentía (*«ABC»*, 28-6-87). Por si el termino cuaja, y a efectos de futuros diccionarios históricos, sería interesante dejar ya precisada la primera documentación impresa. Agradecería, pues, a mis lectores cualquier dato que conozcan sobre este particular. Creo que el vocablo *yavalismo* merece imponerse: comparte con la envidia el honor de designar uno de los dos grandes vicios nacionales de España.

Palacio de Santa Cruz. Otro neologismo, aunque menos útil que el anterior, originado por Víctor de la Serna. Es metonimia usada a menudo por los periodistas como sinónimo de *Ministerio de Asuntos Exteriores,* pero rara vez por los diplomáticos, quienes no suelen olvidar que el edificio donde trabajan no fue construido para palacio sino para cárcel (véase «Historia y descripción de los Palacios de Santa Cruz y de Viana», de José Antonio de Urbina y Alfonso Quereizaeta, 1987, y «Pequeña historia de un gran nombre», de Diego Plata, pseudónimo de Víctor de la Serna, en el *«ABC»*, 22-2-58). El apelativo *Palacio de Santa Cruz* nació en 1939, en el diario «Informaciones», con el deseo de emular topónimos extranjeros famosos en la política internacional como el *Quai d'Orsay o la Wilhelmstrasse.* Su inventor era consciente de que el caserón del Ministerio no daba en realidad y por pocos metros a la Plaza de Santa Cruz, pero comprendía que llamarlo *Palacio de la Provincia* o *Palacio del Verdugo* –por los nombres de dos vías públicas con las que sí linda– hubiera sido municipal y espeso o truculento. Cosas de la política.

Tortilla española. Siempre creí que la gente decía *tortilla de patatas* (o de patata) y que el patriótico apodo de *tortilla española* quedaba para la carta de los restoranes mediopelo. Pero veo un anuncio de la Secretaría General de Turismo (en *«ABC»*, 19-7-87) con un dibujo donde un señor –especie de caricatura de don Jimmy de Mora– rodeado de una turba patibularia de extranjeros dice por teléfono: «¿María? Oye: he conocido a un grupo de turistas muy simpáticos y les llevo a comer a casa. Prepara setenta *tortillas españolas.»*

Debajo va un rótulo que reza *España es simpatía*. Puede que España sea simpatía y aun generosidad, pero desde luego no es sinónimo de hospitalidad hogareña. El yanqui invita a su rascacielos y el moro a su jaima con más facilidad que el madrileño a su pisito. Y cuando éste por fin franquea a un extraño las puertas de su intimidad no le dice a su mujer que haga una *tortilla española*, sino una de patatas o, lo más probable, algún plato vistoso con salmonela. Ni siquiera el francés, que además de poco acogedor es tacaño, recibe con *tortilla francesa*. Primero porque ese manjar se llama en Francia a secas *omelette*, sin adjetivo nacional, y segundo porque prefiere echar perejil a la tortilla y llamarla entonces *omelette aux fines herbes*, con finas hierbas. Cuando se trata de aparentar, lo más barato es un *ajuste fino*.

(22 agosto 1987)

Uno de los hombres menos *yavalistas* de España, don Emilio Lorenzo, tan exacto en su ciencia como generoso con ella, me escribe el 13-11-87:

«Me quedaba un cabo suelto sobre otro artículo suyo, donde comenta oportunamente el *ya vale* que yo asocio con los mecánicos de automóviles de los años cincuenta. Creo recordar que en nuestra inmediata posguerra alguien acuñó el *vamostirandismo* que no es exactamente lo mismo, pero sí apunta a la pereza por resolver o arreglar definitivamente las cosas».

Releyendo esto me viene a la mente la antítesis de la cutre ineficacia del *yavalismo* y del *vamostirandismo*, antítesis profunda pese al superficial parecido:

> Que son tus ojos dos soles
> Y *vamos viviendo* y olé

La vieja copla andaluza es elegante mezcla de estoicismo, ironía y amor; el *yavalismo* es moruna y hosca dejadez.

«Ocultismo» y «glasnost»

«Gigantesco perro negro, en realidad destacado dirigente de oposición a este Gobierno, convertido en can por artes mágicas vudú, solicita asilo político en esta Embajada. Ruego a VE. instrucciones.» Así dicen que telegrafió a su ministro de Asuntos Exteriores, años ha, cierto embajador de España en un país antillano. En el Ministerio juzgaron que el diplomático había enloquecido y lo destituyeron.

Hoy, en cambio, ningún periodista pierde su puesto por reproducir acusaciones de brujería imputada a los poderes públicos. «Reinosa: el Gobierno *confía* en que Roldán *disipe* en el Congreso la acusación de *ocultismo*» («*ABC*», 14-5-87) y «Un soldado de Valladolid desapareció hace un mes mientras estaba de maniobras. La familia del joven acusa de *ocultismo* a los militares» («*El País*», 12-5-87) son titulares representativos de esta actitud, tan extendida, que parece aceptar la posibilidad de que nuestras autoridades estén dedicándose a la magia. *Ocultismo*, en efecto, no es según el Diccionario más que el «conjunto de conocimientos y prácticas mágicas y misteriosas con las que se pretende penetrar y dominar los secretos de la naturaleza» o la «dedicación a las ciencias ocultas». Yo estoy dispuesto a creer casi todo de cualquier Gobierno español o caribeño de los últimos doscientos años, pero me cuesta trabajo imaginar a nuestros gobernantes aderezando bebedizos o hincando alfileres en céreas figurillas de sus adversarios. Veo en ellos tan poco gusto por las ciencias ortodoxas que me extrañaría que lo tuviesen por las ocultas.

Así es que la imputación de *ocultismo* me parece una burda calumnia. A menos que quienes usan esa palabra sean tan ignorantes que la crean sinónimo de *ocultación*, «acción y efecto de ocultar u ocultarse». En ese caso habrán acuñado –me temo que con éxito– uno de los neologismos más inútiles y perniciosos de los últimos tiempos. Inútil,

283

pues la lengua española, fiel reflejo de nuestra historia, poseía ya un rico léxico para designar los diversos matices de la *ocultación:* desde el digno *sigilo* (que puede ser incluso sacramental cuando lo guarda un confesor) hasta el criminal *encubrimiento* («participación en las responsabilidades de un delito, con intervención posterior al mismo, por aprovechar los efectos de él, impedir que se descubra, favorecer la ocultación o la fuga de los delincuentes, etcétera») pasando por el ambiguo *disimulo* («arte con que se oculta lo que se siente, se sospecha o se sabe»). Tenían, pues, vocabulario donde escoger sin necesidad de inventar un neologismo por lo demás pernicioso ya que nos impedirá en lo sucesivo saber si al tachar a un mandamás de *ocultista* lo están llamando *nigromante* (singular habilidad, bien mirado) o vulgar amigo de *tapujos.* Pero se conoce que una vez más políticos y gacetilleros han sucumbido al atractivo irresistible de toda palabra que termine en *ismo. Ocultismo* les suena más moderno que *ocultación,* aunque en realidad nos retrotraiga a tiempos de Cagliostro y aun de Merlín el Mago.

Lo más curioso es que mientras inventamos en casa este nuevo *ocultismo,* importamos –de Rusia, nada menos– su antónimo y antídoto: el *glasnost.* Refiriéndose a lo que consideran reformas decisivas del señor Gorbachov en la Unión Soviética, los más de nuestros comentaristas las ensalzan y murmuran –melifluos y políglotas ellos– el santo y seña, *glasnost.* El *«Economist»* (13-6-87), que cree poco en esta novedad pero gusta de la precisión lingüística, nos ilustra así: «*Glasnost* circulaba mucho antes que el señor Gorbachov, e incluso mucho antes que Lenín, aficionado también a esa palabra. Se formó con el vocablo que en eslavo eclesiástico quiere decir *voz* (*glas,* cuyo equivalente en ruso moderno, *golos,* significa asimismo *voto*) más el sufijo *nost,* usado en ruso para configurar nombres abstractos. *Glasnost* aparece en el diccionario publicado en 1790, en tiempos de Catalina la Grande, y es definido en el diccionario en diecisiete volúmenes de la Academia Soviética de Ciencias como *disponibilidad a la discusión pública.»*

La revista británica, tras lamentarse de la dificultad de traducir con concisión dicho término, concluye que «por comodidad tal vez sea *franqueza* la mejor equivalencia después de todo, pero sin olvidar que el censor sigue acechando al fondo».

Por todo ello, cuando oigo el tétrico *ocultismo,* con sus ecos de aquelarre y de vudú, o el exótico *glasnost,* que suena a *newspeak* de Orwell, rezo «Virgencita, que me quede como estoy.» Prefiero los viejos embustes, antiguos por soleares, con los que siempre nos han engañado las niñeras y los Gobiernos tradicionales.

(29 agosto 1987)

Nombres de pila

Todos recordamos el viejo y famoso chiste de *«La Codorniz»,* donde bajo el dibujo de un grupo de colegialas aparece el siguiente coloquio de comienzos de curso: «¿Cómo os llamáis?» «Yo, Fifí», «Yo, Mimi», «Yo, Kiki, ¿y tú?» «Yo, María» «¡Huy, aquí hay una niña que tiene nombre de galleta!» Pues bien, llevo varios días intentando imaginar un diálogo similar adaptado al actual comienzo de curso. Tan sólo se me ocurre esto: «¿Cómo os llamáis?» «Yo, Vanesa», «Yo, Katia», «Yo, Esther, ¿y tú?» «Yo, Isabel». «¡Jo, aquí hay una tía con nombre de sardina!»

El motivo de mi titubeo a la hora de actualizar ese chiste estriba en que, pese a un tenaz y abnegado estudio de la cursilería española, tengo a menudo que dejarme guiar por intuiciones brillantes, astutas conjeturas o soplos de iniciados, más que por sistemáticos estudios de sociólogos. Cualquiera, espiando por la calle, puede barruntar que ahora hay más niños llamados David (lo pronuncian *Daviz,* claro), Oscar, Olga o Sonia. Incluso es fácil descubrir fenómenos –atribuibles al influjo universal de la caja tonta– tan singulares como el observado en una aldea de la estepa castellana: «¡Yónatan, Yésica, venid!», gritaba una madre a sus niños (suponemos que inscritos en el Registro Civil con la grafía inglesa de Jonathan y Jessica, para mayor elegancia). Pero hay indicios de evolución difíciles de verificar sin rigurosas encuestas sociológicas. ¿Acertamos al sospechar que empieza a haber más Josés y Franciscos que no se transforman en Pepes y Pacos? ¿Pesará más el *«Hola»* que TVE en el momento de bautizar a una criatura? ¿Ha desaparecido del todo la vieja costumbre de dar el nombre del santo del día? Por desgracia no conozco estudios completos y detallados en este campo. Debe de haber en España miles de sociólogos en paro; podrían unos cuantos dedicarse a escribir un *bestiaséler* sobre este asunto. Se forrarían.

La Francia cartesiana, en cambio, ya dispone de tal informe. Acaban los señores Philippe Besnard y Guy Desplanques, un sociólogo y un estadístico, de publicar *Un prénom pour toujours,* libro fascinante donde, tras analizar casi dos millones y medio de fichas, los autores nos ofrecen el panorama íntegro de un siglo de cambiante moda francesa en cuestión de nombres de pila. Muchas de sus observaciones son aplicables al caso español, y desde luego el método siempre lo sería. Veamos lo principal. En el sistema clásico, hoy en quiebra, «el nombre servía no tanto para identificar a un individuo como para ligarlo a una identidad colectiva: lo ata a su estirpe familiar (nombre transmitido), a la comunidad religiosa (los santos patronos) y en ciertos casos a la colectividad local (nombres locales o regionales)». En palabras más llanas y trasponiendo el esquema a nuestro país, una cordobesa de 1850 se podía llamar Currita (por su abuelo don Francisco), Consuelo (por devoción de su mamá a dicha advocación de la Virgen) o Rafaela (por cordobesa); se podía también llamar muchas otras cosas, pero siempre se libraría de llamarse Sheila (nombre que hoy mismo me señalan, localizado en un barrio popular madrileño).

Siempre hubo modas en esto, por supuesto, pero eran modas de lenta mudanza. Durante toda la primera mitad de los cien años estudiados, tan sólo cuatro nombres de varón se disputaban el primer puesto de frecuencia de uso (Louis, Pierre, Jean y André) y Marie dominaba el mujerío sin esfuerzo. Ahora, por el contrario, ninguno de los diez nombres más corrientes hace veinte años aparece entre los más dados a las nuevas generaciones. La movilidad es vertiginosa. El nombre más a menudo escogido para las nacidas en el período 1978-1980 fue Céline, pero enseguida se impuso Aurélie (1981-1984), a su vez destronada en 1985 por Émilie. En niños la procesión ha sido Sébastien, Nicolas y Julien. Para los años 1990 y siguientes los expertos apuestan por Adrien (o quizá Kévin) y Marion. Dios los coja confesados. ¿Y qué será de España, que ni siquiera es la *fille ainée de l'Église* como Francia? ¿Nos invadirán la Jennifer yanqui, el Boris de la tundra, la moruna Leila?

Imposible es preverlo mientras no sepamos las cifras y mecanismos de nuestra actual situación. Yo al menos ni siquiera sé si la nomenclatura española dominante –la futura *nomenklatura*– tiene grande o pequeña dispersión (en Francia ya hoy los diez nombres más frecuentes no llegan a repartirse el 30 por 100 de los recién nacidos, y la tendencia es a mayor dispersión aún), si nuestro sistema es clasista o no (en Francia sí lo es; los burgueses prefieren los valores seguros, como Pierre, y dejan la imaginación exótica al proletariado), si seguimos bautizando niños con intención política (Carlos, Alfonso, José Antonio, Libertad) o ya sólo interesan los seriales y la corte monegasca. A ver si algún sociólogo de veintitantos años, probablemente llamado Juan Carlos, probable futuro padre de una Estefanía o Carolina, se pone a trabajar y nos ilustra.

(3 octubre 1987)

«Me hace gracia y comparto tu juicio sobre la horterada de las Vanesas, Sheilas, Olgas y Jessicas. Son los típicos nombres que se han puesto de moda en una determinada clase social como consecuencia, probablemente como tú señalas, de la influencia televisiva. Sin embargo, puede observarse desde hace muy poco tiempo una tendencia contrapuesta, que vendría a revalorizar los antiguos y recios nombres de pila "de toda la vida". Así por ejemplo Conchita Velasco se llama ahora Concha Velasco, la actriz Mary (con y) Francis es actualmente Paca Gabaldón y el caso más célebre de todos: Marisol, convertida por Gades en Pepa Flores».

(Carta de don Luis Jessen, Madrid, a 5 de octubre de 1987).

Trampantojos

De la cultura contemporánea podría decirse aquello de «tiene mucho de original y mucho de bueno, pero por desgracia lo original no es bueno y lo bueno no es original», como parece que contestó Bernard Shaw al recibir un manuscrito de cierto autor novel. Lo verdaderamente original del arte moderno –los chafarrinones de Miró, las cacofonías de Xenakis, la poesía tipográfica o la fabada con kiwi– pudo escandalizar en su día; hoy aburre. Se comprende, pues, que hasta la *crema de la inteleztualidad* empiece a estar de vuelta de muchas «muestras de insobornable contemporaneidad» y comience a descubrir mediterráneos como la novela bien hecha, el soneto perfecto o el clave bien templado, cosas todas no por tradicionales menos hermosas.

Pero no me ocupo aquí de filosofías sino de palabras, y quisiera referirme al renacimiento de un género que tiene mucho de juego de palabras, y mucho también de admiración por las formas estéticas pasadas: el *pastiche*. Discúlpeseme el italo-galicismo, pero ni *parodia* («imitación burlesca»), ni *remedo* ni *contrahechura* transmiten el sentimiento de afectuosa ironía que impregna el *pastiche*. El buen *pastiche* presupone aprecio del autor imitado, nace de la guasa y exige gran destreza estilística. Por esto último y porque nuestra época ha perdido muchos saberes artesanales, veo difícil que el nuevo interés por este género haga que se escriban obras maestras del remedo literario. Es más fácil que Woody Allen siga filmando tiernas parodias de sus cineastas favoritos. Hacer lo mismo con Góngora o Quevedo, por más que algunos lo intenten, requiere una técnica que ya no tenemos.

Técnica –¿y oído?– que hasta hace poco cualquier persona culta poseía. Hizo el azar caer en mis manos últimamente un par de obritas sin pretensiones, simples juguetes de sus respectivos autores, diplomáticos ambos metidos a escritores. Me maravilló el virtuosismo de estos dos aficionados, uno español y otro inglés, nacidos hace poco más de un siglo. Dudo que subsistan hoy parodistas tan capaces. Al uno, Manuel Aguirre de Cárcer (1882-1969), tenía yo por hombre adusto y aun hosco, quizá porque una vez en París pregunté el motivo de que mi mesa de trabajo tuviese una pata deteriorada y me explicaron cómo la había roído hacia 1947 un perro feroz que don Manuel tenía para ahuyentar a los importunos. Sin embargo resulta de la lectura de su obra «En el estilo de...» que Aguirre de Cárcer no era en la parodia mordaz como su dogo sino dado más bien a la suave ironía. «¿Cómo podría ser otra cosa –escribe– si casi todos los parodiados son objeto de mi más fervoroso culto?» Y, en efecto, tan no son caricaturas crueles estos remedos estilísticos, que más de un moderno licenciado en Filología tomaría por auténtico Valle-Inclán (en fase hispanoamericana) el relato titulado «El último argumento», y quizá no falten jóvenes historiadores que picarían con el «Porqué no formé gobierno en diciembre de 1922», supuestamente de Natalio Rivas (cierto que en la lista del nonato gobierno figura Mazzantini como ministro de Estado, pero los jóvenes historiadores no suelen haber oído hablar de ese torero, ni de casi ninguna otra cosa).

El otro diplomático parodista –¿será que a fuerza de adaptarse a distintos países y gobiernos propios y ajenos el diplomático se vuelve siempre parodista?– es Maurice Baring (1874-1945). Conocido por sus novelas, pocos saben de su gusto por los *pastiches* en diversos idiomas. Era un notable políglota, y su primer libro no lo escribió en inglés, sino en francés: «Hildesheim, quatre pastiches». Después, siendo oficial de aviación durante la primera guerra mundial, se entretuvo en escribir unas falsas «Traducciones encontradas en un álbum», y las publicó sin precisar de qué lengua habían sido vertidas al inglés. Todo ello lo hizo con tanto aire de erudición que confundió a muchos. Se encaprichó con la broma y decidió complicarla más todavía. Pidió a varios amigos que elaborasen los supuestos originales de las «traducciones». André Maurois redactó los textos franceses, monseñor Knox los griegos y latinos, el príncipe

Mirsky los rusos, el vizconde de Mamblas (otro diplomático español) los castellanos, etcétera. Y por fin lo publicó todo junto: *Translations ancient and modern, with originals.* Son una delicia. Pero da cierta pena pensar que tal divertimiento sería hoy ya imposible. Por primera vez en quinientos años ese juego queda fuera del alcance de cierta clase de europeos educados.

Quizá, a la postre, no sea sólo juego esa pericia en vestir los conceptos con estilos o idiomas ajenos. El propio Baring, insomne en su lecho de muerte, encontraba consuelo rezando el Padrenuestro con la vieja amiga que lo acompañaba. Lo rezaba en inglés, y en latín, y en francés, y... hallaba alivio sintiendo al Uno bajo la diversidad. Deshacía el trabajo de los albañiles de Babel.

(7 noviembre 1987)

Poco antes de escribir estos «Trampantojos» había enviado yo una fotocopia de las *Translations,* de Maurice Baring, a mi amigo, compañero y notable humanista don Miguel Angel Ochoa Brun. Del maridaje entre su erudición y el azar he aquí el fruto inopinado:

Madrid, 25 de agosto de 1987

Ilmo. Sr. Marqués de Tamarón.

Querido Santiago:

Dediqué buena parte de mis ocios en estos días a leer con fruición las «Translations», de Maurice Baring, que tuviste la bondad y el buen tino de hacerme llegar para entretener mi veraneo. Comparto tus ideas acerca del laudable ingenio de su autor. También comparto la poca estima que te merecen algunas de las «retraducciones» o supuestos originales. Si bien las hay que me parecen muy buenas o excelentes (las latinas y griegas, casi exclusivamente), las demás no así. Sobre todo porque (salvo las dichas) no parecen haber entendido sus autores que se trataba no de «retraducir», sino de «simular un original» que es cosa bien distinta.

Sin duda, la obra de nuestro compatriota el Vizconde de Mamblas. es particularmente endeble y desmañada; leí con atención sus pobres productos y precisamente ello me llevó a una serie de curiosos eventos, de los que quiero darte cuenta.

Recorriendo algunas librerías de lance (ocupación siempre grata y a menudo provechosa) encontré un pequeño y desvencijado volumen de

poesías, una antología de poemas españoles del siglo XIX. Entre ellos
–¡mira tú por dónde!– hallé uno que era ni más ni menos que el
verdadero original del número XII de Baring:

> With a tinkling of bells the cattle are coming home.
> In the village street the herd has raised a cloud of
> dust, and the sunset gilds it with glory, and no
> sacrificial procession in honour of Phoebus Apollo
> himself, was ever more glorious than these cows
> walking in a golden dust.

El autor del poema español es el poeta romántico Miguel Lobo de
Lamadrid. La semejanza de los textos es tal que verdaderamente no
puede ser tenido sino por el auténtico original; juzga tú mismo; dice así:

> «Al son de sus esquilas, el ganado
> se recoge. Su paso
> por mitad de la aldea ha levantado
> una nube de polvo, que el ocaso,
> con las postreras glorias del Poniente,
> tornó resplandeciente.
> Otro cortejo con mayor decoro
> no caminó propicio,
> de Febo Apolo al cruento sacrificio,
> en el aire que el sol hizo de oro.»

Pero, como si fuese dado proseguir más atrás, a modo de una de esas
genealogías disparatadas que a ti y a mí nos gustan, aparece al pie una
nota según la cual el poemita de Lobo de Lamadrid es a su vez una
imitación de unos versos sáfico-adónicos de un poeta del XVIII, anónimo según parece, que igualmente se transcriben. Son éstos:

> «El tintineo del cencerro avisa
> desde los montes, al ceder el día,
> que ya el ganado, de pastar cansado,
> lento retorna.
> Y cuando pisa de la aldea el suelo,
> polvo levanta en agitada nube,
> que al punto el sol, desde el ocaso tardo,
> pinta de oro.
> Nunca un cortejo de inmolandas víctimas
> a Febo Apolo encaminó sus pasos,
> en las testuces ostentando altivas
> nimbo dorado.»

Me dejó perplejo el hallazgo y no menos sus resonancias clásicas,
pastoriles y mitológicas. Martiricé mi memoria y busqué entre mis
libros. Y he aquí que encuentro otro más remoto precedente, en un

largo y harto farragoso poema titulado «Boum fidelitas», escrito por un humanista del Renacimiento (italiano o español, no lo sé) llamado Angelus Brunus. El poema, escrito probablemente en Nápoles, está dedicado o a Alfonso el Magnánimo o a su nieto Alfonso II: «Alphonse, optime regum, invictissime princeps», reza la dedicatoria. Hacia la mitad, encontré unos hexámetros que contienen, ni más ni menos, que lo esencial del poema de Baring. Helos aquí:

> «Solis ad occasum, cum frigidiora relimquunt
> alta culmina (temperat aera vesper cunctaque tacent)
> lenta armenta per iter arenam turbine movent;
> pulvere cum commoto lux serotina ludit.
> Nulla boum tan lucida sacrificanda caterva
> splendidiore incessu Phoebi Apollinis unquam,
> aura lumine deaurata processit in aram.»

¿Qué te parece todo esto? Maurice Baring tradujo evidentemente el poema de Lobo de Lamadrid; éste a su vez recogió el anónimo ilustrado, añadiendo la imagen «por mitad de la aldea» (que Baring traduce por «street») pero abandonando otras, no desafortunadas, como el descenso «desde los montes» o la lentitud del retorno de las reses. El poeta dieciochesco, a su vez, había tomado del texto latino la idea de los montes («alta culmina») y de la reposada marcha del rebaño («lenta armenta», donde el humanista quiso –me figuro– recalcar fonéticamente la idea del despacioso y acompasado andar de los bueyes). Y añadió, como cosa propia, el sonido de los cencerros; el modelo latino había preferido el silencio («cuncta tacent»). Y todos mencionaron a Febo Apolo, precisamente así en esa doble denominación, cara a los clásicos, ya desde Homero.

Complacido como estaba por estas lecturas, me vino, claro está, a la mente el inevitable eco virgiliano. Ningún poeta renacentista estuvo ausente de la imitación (viniese o no a cuento) de los modelos de la Antigüedad. Precisamente conservarlos –«parta tueri»– fue una de sus tareas y el principal de sus méritos. Angelus Brunus no era una excepción. En estos pocos versos suyos hay ya un evidente calco de Virgilio, que a su vez escribió:

> «Solis ad occasum, cum frigidus aëra vesper
> temperat...»
>
> (Geor. III)

He aquí como se cierra el curioso recorrido; los poetas se copian, se repiten o se dan a la inocente burla del ocio intelectual. En la corta biografía que precede a la edición de sus obras, se cuenta de Angelus Brunus que solía decir a sus amigos: «date iocos». Tal vez en esa frase (a su vez evocadora de famosos y melancólicos versos del Emperador

Adriano) esté la clave de todo. Por ella se me hace simpático ese poeta renacentista, frívolo y erudito, imitador de Virgilio y adulador de Reyes.

Acepta un gran abrazo de tu siempre admirador y amigo

Miguel Angel

Releyendo esta carta me pregunto si no erraría yo al afirmar que ya no quedan egregios bromistas cultos. Ochoa (lobo en vascuence), Lobo de Lamadrid, Brun, Angelus Brunus... Tal vez mi amigo sea el último de la larga serie de diplomáticos con buen oído. En cualquier caso –insólito azar o prodigio de la destreza literaria– se agradece carta tan portentosa, y más *solis ad occasum.*

Metáforas corruptas

Todo saber corrompe y el saber universitario corrompe universalmente, como no dijo Lord Acton. Esto, que por doquier salta a la vista, resulta más claro aún en el lenguaje: es casi imposible pasar por la Universidad y seguir hablando y escribiendo bien. La prueba es que los dos únicos políticos del siglo XX que escribieron memorias hermosas y profundas –el general de Gaulle y el teniente coronel Sir Winston Churchill– tenían en común el no haber ido a universidad alguna, sino a sendas academias militares.

Dicho efecto depravador de la universidad moderna lo han comprendido muy bien los anarquistas, siempre impacientes con las logomaquias. *Cuando el último político cuelgue de las tripas del último sociólogo, aún tendremos problemas,* reza una pintada ácrata en la Facultad de Políticas y Sociología de la Complutense (reproducida en *«El País»,* 19-V-87). Obsérvese la moderación del programa anarquista. Por ahora tan sólo aspiran a colgar y destripar a políticos y licenciados en Sociología. ¿Y los demás licenciados, igualmente corrompidos por los saberes universitarios? ¿No van a rajar por ejemplo a los de Ciencias de la Información o a los de Psicología? La propuesta de la pintada parece modesta, pero su última frase –*aún tendremos problemas*– permite pensar que no es más que un programa provisional y posibilista.

Por de pronto urge catalogar los síntomas de corrupción universitaria en su aspecto lingüístico. Como pequeña aportación a esta tarea, brindo aquí a mis desconocidos amigos anarquistas y demás personas con sensibilidad literaria un florilegio de frases tan corruptas que sólo pueden ser producto del paso por las aulas. Ningún analfabeto puede decir cosas como éstas:

«La playa de la Malvarrosa es la más importante de cuantas *lamen los pies sudorosos* a la capital del Turia» (*«ABC»,* 21-VII-87). Este debió de aprender a hacer metáforas en clase de Retórica.

«El *delfín* de Burguiba no esperó a la muerte del *viejo león* tunecino» («*ABC*», 8-XI-87). Este otro, en cambio, debió de estudiar metáforas animales en Veterinaria. Se conoce también que es pacifista, pues añade: «Burguiba llevó al país a la independencia en 1956, *tras una guerra de veinte años sin derramamiento de sangre*».

«*El ruedo* político de Galicia es una especie de valleinclanesco *aquelarre,* donde los odios más refinados se entreveran con una tupidísima *malla* de intereses en un endiablado *piélago,* un *ajedrez* de conspiraciones y conjuras a cargo de auténticos virtuosos del *puñal,* donde *Nicolás Maquiavelo* apenas llegaría a ser un ingenuo e inofensivo jugador de *parchís*» («*Diario 16*», 18-IX-87). Mezclar en un solo párrafo ocho metáforas de toros, brujería, industria textil, náutica, esgrima, Historia y juegos es proeza únicamente al alcance de quien haya pasado por la Escuela de Periodismo.

«Antes, ser joven era sólo una circunstancia. Actualmente, es todo un *status.* Y en torno a este hecho ha nacido una nueva clase de hombres de acción, sólidos y ambiciosos profesionales, algo intelectuales y deportistas, capaces de enfrentarse con acierto a cualquier toma de decisiones. Los vinos de Valencia son como ellos: jóvenes, equilibrados, alegres, seguros de sí mismos y de su profesionalidad. No se sienten extraños ni en la mesa más refinada ni el más *dinámico bistrot*» (anuncio de la Generalidad Valenciana en el «*ABC*», 12-VII-87). Tomemos nota, hermanos catetos; lo que antes llamábamos una *tasca a la pata la llana* ahora se llama un *dinámico bistrot,* en metáfora *yuppie.*

Mas no todas las corrupciones son metafóricas; las hay metafísicas. En una entrevista con el trío musical «*Los Toreros Muertos*» («*El País*», 20-IX-87) se lee esto: «Aunque al opinar los tres son una piña, Pablo Carbonell remata: "Obviamente no tenemos una filosofía. No nos implicamos en lo que cantamos, si lo hiciéramos, rebajaríamos el nivel de escepticismo"». Pues menos mal que los tales cadáveres *no se implican,* que si se implicasen nos corromperían con sus vermes algo más que el lenguaje.

Llegados a este punto no sabemos si los jóvenes son siempre los corrompidos o a veces son corruptores. Aumenta nuestra perplejidad un enorme titular de «*El País*» (13-IX-87): «Proxenetismo infantil en el banquillo». ¡Niños alcahuetes! ¡A lo que lleva la «enseñanza básica obligatoria y gratuita» prevista por la Constitución!

No faltan, empero, signos esperanzadores. El primero es que en ciertos países muy adelantados aumenta el analfabetismo. «Un catorce por ciento de la población inglesa apenas sabe leer y escribir». («*ABC*», 3-VII-87). Algunos europeos están, pues, a salvo. En la propia España, la conversión de la Universidad en expendeduría de títulos puede conducir a una enmienda constitucional que garantice licenciaturas automáticas a todos los ciudadanos en alcanzando la mayoría de edad. Al no tener que ir a las aulas, se librarían de terminar hablando en metáforas. Y de ser colgados y destripados por anarquistas impacientes.

(12 diciembre 1987)

El habla de 1988

La única tarea útil del lingüista sería azuzar a los catetos contra los cursis. Quiero decir que fuera de la erudición, en el terreno práctico, podrían los filólogos hacer una labor no por vulgar menos salutífera: explicar al pueblo supuestamente soberano que nunca en su historia ha tenido unas minorías dirigentes tan cursis como las de ahora. Y que lo único sensato es desobedecer a las tales minorías rectoras. No se trata de saltarse los semáforos o defraudar al fisco –eso es ya lo normal– sino de rechazar el habla ridícula pero insidiosa de publicitarios, políticos, periodistas y burócratas. No se olvide que quien domina el lenguaje domina la sociedad. Merece la pena, pues, resistir. Aunque sólo sea para retrasar el cumplimiento de la profecía de Flaubert: «Todo el sueño de la democracia consiste en elevar al proletario al nivel de estupidez del burgués. Dicho sueño está ya en parte alcanzado.» La frase es de 1871; no estará de más ver hasta dónde se ha llegado, siglo y pico después, en la realización del democrático sueño de entontecimiento general. Se ha avanzado mucho, a juzgar por un breve muestreo de los más populares medios de comunicación, que a continuación resumo:

«Francia figura (para Burguiba) como su *mater ego*» («*ABC*», 15-11-87). Véase cómo el periodista, ansioso de redimir al proletariado ignorante, decide darle una lección de latín, pese a desconocer él mismo dicha lengua. Cree que es igual *alma mater* (madre nutricia, nombre dado en la época romana a las diosas Ceres y Venus, y en tiempos modernos a la Universidad, madre que alimenta espiritualmente a sus alumnos) que *alter ego* (otro yo, un segundo yo), da a luz al híbrido monstruoso *mater ego* y, si éste prospera en el habla común, habrá conseguido acercar el pueblo un poco más a la confusa pedantería del burgués moderno. Lo curioso es que otro artículo del mismo número del «*ABC*» habla de «Tomás Herranz, el jefe de cocina y *alma mater* de El Cenador del Prado»; este otro periodista o bien sabía latín de verdad y volvía la expresión *alma mater* a su original sentido alimenticio, o bien rizando el rizo de la metáfora hacía sonar la flauta por casualidad.

«*Capacidad máxima: ocho personas*», dice un letrero junto a la foto de un horno microondas (folleto publicitario de «El Corte Inglés», diciembre, 1987). ¿Macabra nostalgia nacional socialista de los hornos de Belsen y Auschwitz? No, insatisfacción con el habla del pueblo, que hubiese dicho *guisa para ocho personas* o *cabe un par de pollos*.

«El ministro para las Administraciones *Públicas* convocará las primeras elecciones en el ámbito de la Administración del Estado» (Ley 9/1987 del 12 de mayo, «Boletín Oficial del Estado», 17-6-87). Más que lúbrica errata esto parece un freudiano acto fallido. Me explico. Hace ya años se impuso la moda de llamar *relaciones públicas* a cierto tipo de propaganda. La expresión venía del inglés, *public relations*. Algunos finolis siguen diciéndolo en inglés, y como no suelen saber inglés se les traba la lengua. Yo he oído a un señor decir que su hija se dedicaba a las *pubic relations* (y era verdad que se dedicaba a las relaciones *púbicas,* pero no públicas sino privadas, afortunadamente). Pues bien, es posible que por esta vía del gazapo el subconsciente del Estado, siempre deseoso de jorobar a los administrados, esté reconociendo sus turbias apetencias. Se comprende que para conseguirlo le convenga entontecernos.

Sí, se ha adelantado mucho en la realización del sueño democrático. Queda, no obstante, algún camino por recorrer. Todavía hay catetos que hablan español, que se expresan con sencillez y precisión, que no han ascendido a la categoría de cursis. Nuestros mentores querrán sin duda regenerarlos, *reciclarlos* que dirían ellos. Pero a estos grupos residuales no es fácil seducirlos a golpe de *mater ego* y otras finezas. Es posible, por ello, que los *formadores de opinión* empleen tácticas radicalmente nuevas. Una de ellas podría ser declarar de moda, rabiosamente de moda, viejas costumbres muy triviales y desconcertar así a los catetos.

Cuando un jerifalte de la movida, tras saltar la tapia de un monasterio, se acerque a un cartujo cavando en su huerta y le diga, «lo tuyo sí que es un rollo cachondo», habrá desarmado al monje.

Tal parece ser la treta de *«Marie Claire 16»*, revista hecha por y para bogavantes de la moda. En su número de diciembre de 1987 publica una detallada guía de «Todo lo que haremos en 1988». Entre otras novedades *glamurosas* a punto de imponerse cita «acentuar nuestras curvas y conservar la piel muy blanca» (¿qué otra cosa habrán hecho de siempre las mujeres que no querían dejar de gustar a los hombres ni tener cáncer de piel?) y «cocinar con productos de calidad» (¿quién ha guisado jamás productos malos teniendo dinero para comprarlos buenos?). Pero también –ojo al lenguaje– pronostica la moda de «tratar de usted a camareros, taxistas y desconocidos» y la de «no decir tacos ni usar expresiones de jergas *chelis*». Es el colmo de la perfidia. Como me descuide me van a tomar ustedes por discípulo de Marie Claire. O sea, por cateto elevado al nivel de estupidez del burgués bogavante.

(16 enero 1988)

La lengua española
en los Estados Unidos

El martes, 4 de noviembre de 1986, fecha acaso ya olvidada, puede terminar siendo notable tanto en la historia general de las lenguas como en la de las relaciones internacionales, al igual que en la historia nacional de los Estados Unidos de América. Fue el día en que el Estado de California sometió a referéndum popular la llamada *Proposición 63,* que obliga al poder legislativo estatal a «salvaguardar y afianzar la función del inglés como lengua común del Estado de California» y a no aprobar ley alguna que «disminuya o desconozca» dicho papel. El electorado aprobó la medida por la abrumadora mayoría del 73 por 100 contra el 27 por 100. Pero la *Proposición 63,* de contenido al parecer tan natural e inocuo, había sido precedida por un sinfín de agrias discusiones y su aprobación está siendo objeto de comentarios apasionados dentro y fuera de los Estados Unidos. Conviene, pues, analizar los orígenes y las posibles repercusiones, nacionales e internacionales, de la situación que ha dado lugar a la medida citada, y conviene hacerlo extremando la prudencia.

Hay que empezar recordando algunos hechos no por

consabidos menos olvidados a veces. Los Estados Unidos siempre han sido un país de inmigración. Durante su corta historia han ido entrando en el crisol americano decenas de millones de hombres de las más diversas razas, culturas y religiones. Hace ya mucho tiempo que ese país dejó de ser de sangre mayoritariamente anglosajona. Si ha conseguido cuajar y mantenerse como nación ello se debe en buena medida a la acción aglutinante de la lengua inglesa. Y si este esencial cemento lingüístico ha logrado hasta ahora su objetivo es porque las sucesivas y a veces simultáneas oleadas de inmigrantes no han sobrepasado ciertos límites cuantitativos ni por su número anual absoluto ni por su número relativo a la población anglófona ya asentada, con lo que los recién llegados se diluían sin mayores dificultades en un cuerpo social de por sí acogedor. Aun conservando por lo común su religión y algunas costumbres de su nación de origen, los inmigrantes rápidamente aprendían inglés y se sentían ciudadanos estadounidenses tanto más cuanto que su lugar de procedencia quedaba muy lejano y a veces, como en el caso de los judíos europeos, envuelto en recuerdos hostiles.

Ahora bien, nuevos factores entraron en juego a partir de los años cincuenta de este siglo. Las explosiones demográficas y políticas en el Caribe y en Sudamérica impulsaron a un número creciente de hispanoamericanos a buscar mejor fortuna en el rico y libre vecino del Norte. Mal que bien, puertorriqueños y cubanos fueron integrándose en Nueva York, en la Florida, en el resto de la tierra prometida. Incluso la emigración, legal o ilegal, de mejicanos hacia los estados limítrofes, favorecida por el deseo de mano de obra barata en éstos y por las raíces hispánicas del suroeste de los Estados Unidos, resultaba asimilable en un principio. Pero al agudizarse en Méjico a la vez la crisis económica y el crecimiento desbordante de su población, se salió también de madre el flujo humano hacia los Estados Unidos. La Policía norteamericana pasó de rechazar 4.000 inmigrantes ilegales mejicanos en 1965 a rechazar 421.000 en 1985 (véase *«Time»*, 25-8-86). En 1986, cerca de dos millones de *illegals* fueron devueltos a Méjico, pero se calcula que otros tantos consiguieron introducirse en los Estados Unidos. En proporción es como si trescientos mil marroquíes o portugueses se estableciesen cada año en España. El caso es que los *hispánicos* representan hoy el 7 por 100 de la población de los Estados Unidos, según el U. S. Bureau of Census, y que aunque se modere o detenga el influjo puede duplicarse su número antes del año 2020 debido a su juventud y fertilidad. Ante esta situación es el propio pueblo norteamericano quien pide medidas a sus autoridades. El Gobierno federal, consciente de las limitaciones impuestas por la política exterior, mal puede tomar medidas drásticas. Una frontera hermética de costa a costa, aunque fuese para impedir la entrada y no la salida de gentes, daría pie a comparaciones con el telón de acero. Pero es probable que la *Proposición 63* no sea más que un comienzo.

Comienzo, por cierto, de modesta apariencia. Sus dos objetivos inmediatos son ir en contra de las papeletas electorales bilingües en inglés y español (que ya eran de dudosa legalidad, pues para votar se requiere ciudadanía, y para obtener ésta saber inglés) y limitar la educación bilingüe a un par de años. Además de colmar en parte una laguna de la Constitución americana, que no especifica lengua nacional ni oficial. Ni siquiera la mayoría de los Estados lo hace; sólo siete, contando ahora a California, consagran oficialmente el inglés. Pero la duda está en qué desarrollo ulterior tendrá la *Proposición 63,* en cómo se aplicará en California y si servirá de ejemplo a otros Estados de la Unión. Hay quienes siguen argumentando que la medida era innecesaria y que un reciente estudio de la Rand Corporation demuestra que el 95 por 100 de los nacidos en Estados Unidos de padres mejicanos hablan inglés con soltura y más de la mitad de la siguiente generación no habla nada de español. A esto contestan otros, en particular *US English,* el grupo de presión californiano partidario del referéndum, que habiéndose alcanzado ya el punto de saturación no se puede seguir contando con los habituales mecanismos sociales de asimilación lingüística.

En España la reacción ante la *Proposición 63* fue de unánime disgusto. «La oficialización del inglés en California es un acto deplorable que denota sentimientos discriminatorios y racistas», afirmaba *«El País»* en editorial del 6-11-86, mientras que el *«ABC»* (25-11-86), también en editorial, hablaba de «golpe, más bajo que alto, al idioma español». Don Miguel García-Posada comenzaba así un meditado artículo en la tercera de *«ABC»* (1-12-86): «El lamentable referéndum sobre la oficialidad del inglés en California, un ataque directo al idioma español...» Con diversos matices –la izquierda suele subrayar la injusticia cometida contra los chicanos, la derecha tiende a quejarse del agravio contra nuestra lengua– ése es el tono general de los comentarios españoles a la *Proposición 63*. Y mirando al futuro muchos órganos de opinión españoles exhortan al Gobierno de Madrid a idear y aplicar ambiciosos planes de defensa del castellano en el suroeste de los Estados Unidos. Incluso ha extrañado que «ninguna voz cualificada de la Administración española se ha alzado para deplorar la convocatoria del referéndum californiano» (*«ABC»*, 25-11-86). Diríase que los españoles, en general indiferentes ante los peligros internos que amenazan a su lengua, incluida la invasión de anglicismos, se han animado excepcionalmente ante un conflicto lejos de nuestras fronteras.

No está mal, desde luego, que por fin nos percatemos de la importancia política de la difusión internacional de nuestra lengua. Pero en este caso concreto y antes de tomar a los molinos por gigantes y arremeter contra ellos es imprescindible hacernos una composición de lugar seria y lúcida. Para ello quizá lo mejor sea, como seres humanos, como hispanohablantes, como españoles y como occidentales, formularnos fríamente una serie de preguntas. Estas, aunque sin pretensiones de *numerus clausus,* podrían ser las siguientes:

1.º ¿Es beneficioso para los inmigrantes permanecer agrupados y aislados del entorno sociocultural del país donde viven? Acaso en última instancia todo dependa del número y la intención de los inmigrantes: si lo que se pretende es que mañana superen en cantidad a los autóctonos de hoy (como éstos hicieron hace siglo y medio con los hispanomejicanos y éstos a su vez habían hecho antes con los indios); si lo que se busca es volver a la situación anterior al Tratado de Guadalupe Hidalgo por el que Méjico en 1848 se vio obligado a ceder Tejas, Nuevo Méjico y California a los Estados Unidos; si, en una palabra, se trata de invadir o reconquistar el suroeste de los Estados Unidos, entonces sí habrá que incitar a los inmigrantes hispanófonos a comportarse como una quinta columna, pura y dura. Pero si lo que buscan los *chicanos* es una vida más desahogada tendrán que aprender inglés cuanto antes. «La mejor manera de ayudar a los inmigrantes es ayudarlos a integrarse tan aprisa como sea posible», decía un editorial del *«New York Times»* (11-11-86). Pueden atribuirse motivos interesados a esta frase, argüir que tan sólo busca mantener la supremacía anglosajona, pero no deja de ser cierta a los ojos de quienes, como simples seres humanos, desean algo de bienestar –próximo y no lejano e hipotético– para los desheredados de la fortuna. En este caso más aún que en otros (mogrebíes en Francia, turcos en Alemania) los inmigrantes que sepan insertarse de lleno en la sociedad donde viven alcanzarán la igualdad de oportunidades frente a sus conciudadanos; los otros se quedarán en ilotas.

2.º Al fomentar el mantenimiento del español como lengua principal de los hispánicos en Estados Unidos, ¿favoreceríamos la expansión de nuestra lengua o por el contrario impulsaríamos el engendro de un nuevo papiamento, híbrido de español e inglés? Es cierto que parece superada la vieja polémica sobre la fragmentación posible del mundo de habla española en diversas lenguas: con la imprenta, el teléfono, la radio y la aviación no es probable que al español –o al inglés o al francés– le ocurra hoy lo mismo que al latín una docena de siglos antes. Pero no hay que olvidar los fenómenos lingüísticos surgidos en comunidades pobres, mestizas y marginadas: el papiamento o el *pichingli* (*pidgin*), jergas híbridas y someras cuya posible proliferación ha hecho comentar al profesor George Steiner «qué ironía si la respuesta a la torre de Babel terminase siendo el *pichingli* y no el don de lenguas pentecostal» (*After Babel,* Londres, 1975).

3.º Si la comunidad hispánica lograse organizar algún día el mayor y más eficaz grupo de presión política (*lobby*) en Estados Unidos, ¿hay algún motivo para pronosticar que lo emplearía, siquiera en parte, a favor de España y no sólo a favor de las repúblicas iberoamericanas de donde sus miembros proceden? Y, suponiendo que así ocurriese, ¿qué clase de *lobby* puede crear una comunidad retraída? Si los judíos centroeuropeos se hubiesen quedado hablando *yiddish* en un *ghetto* neoyorquino en lugar de aprender inglés e influir en los medios de información norteamericanos, poco hubieran podido hacer por el Estado de Israel. Las aljamas no son buenas tribunas.

4.º ¿Puede un Gobierno extranjero patrocinar a un grupo de presión política que actúe abiertamente en contra del sentir general del resto de la nación americana? Alemania lo intentó en 1914 y de nuevo en los años treinta al igual que Italia, sin éxito.

5.º ¿Ha pensado España en la trascendencia política, como precedente, de una actuación oficial suya intercediendo a favor de una minoría linüística en país extranjero? No faltan en nuestro propio país las tensiones lingüísticas; si algún día se enconasen podríamos arrepentirnos de haber intervenido en las de los demás.

6.º Como Estado miembro de la Alianza Atlántica, ¿le interesa a España impulsar un proceso de consecuencias imprevisibles pero en todo caso debilitantes para los Estados Unidos? Se ha dicho, acaso con exageración, que introducir el plurilingüismo en los Estados Unidos equivaldría a una *balcanización* o *libanización* del principal aliado de Europa occidental. El conde de Marenches, desde 1970 hasta 1981 jefe de los servicios secretos franceses, sostiene (en *Dans le secret des princes,* París, 1986) que existe un plan soviético para aprovechar el talón de Aquiles de los Estados Unidos –su frontera meridional– utilizando a Centroamérica como detonador, a Méjico como bomba y como vías de penetración del explosivo a «doce o quince millones de ilegales, que pueden un día ser organizados en una temible quinta columna, sin documento nacional de identidad [no existe en los Estados Unidos] y sin que sea obligatoria la lengua inglesa». El autor asegura haber expuesto su opinión al presidente Reagan y al general Vernon Walters, y afirma que este último la ha hecho suya. Tal vez fuese más avisado atenerse a los hechos y no a las intenciones supuestas, para no caer en una más de las por Sir Karl Popper llamadas *conspiracy theories of society*. Pero es cierto que los hechos ahí están y ante ellos no es prudente, ni siquiera decoroso, hacer de aprendiz de brujo. Aún suena el eco del *Vive le Québec libre!* gritado por el general de Gaulle en 1967 en aras de la francofonía, pero con olvido de una deuda reciente (los 100.000 canadienses, el 96 por 100 de ellos anglófonos, muertos para liberar a Francia en las dos guerras mundiales) y de una necesidad presente (preservar la unidad y la fuerza de las naciones que integran la Alianza Atlántica).

He de reconocer que algunas de las anteriores preguntas son difíciles de contestar salvo con conjeturas: el rumbo de la historia es a veces contradictorio, con frecuencia oscilante y siempre imprevisible. Pero si España quiere tener una política exterior cultural (la otra posibilidad, y no hay por qué excluirla, es dejar que las cosas sigan su curso natural) hará falta un mínimo de planificación. Tras muchos años de pensar en el papel internacional de la lengua española, me atrevo a proponer ciertas sugerencias a título personal, simples ideas generales pero que acaso ayuden, en esta formulación o en otras más autorizadas, a centrar problemas concretos como éste de nuestra actitud ante el español en los Estados Unidos.

1.º Convendría aclarar por consenso nacional qué imagen quiere España presentar ante el mundo. Se trata de una cuestión más de política exterior que de cultura, pero con raíces en ambos campos. Es cierto que de las cuatro herencias (la aragonesa-italiana, la castellana-americana, la borgoñesa y la imperial germánica) de Carlos I, orto de nuestra

Edad Moderna, tan sólo la hispanoamericana parece conservar vigencia cultural hoy. Razón de más, entiendo, para recordar las otras tres en nuestra acción cultural y propaganda turística, sin olvidar nuestra presencia en los órganos de la CEE, donde sería muy peligroso pregonar demasiado el lema *España es diferente.* En cuanto al prurito de revitalizar nuestro pasado árabe y musulmán, sólo cabe esperar que lo caprichoso y arriesgado del empeño lo haga inviable.

No se trata, por supuesto, de negar nuestra fértil proyección en América. Muy al contrario, trátase de recordar al continente europeo y al americano que si ambos ven hoy unidos, para bien y para mal, sus destinos, ello se debe a que hace medio milenio una península europea, la Ibérica, vertió hacia Poniente casi toda su energía vital, en una empresa tan europea y tan consciente como inconsciente había sido la previa colonización por tribus asiáticas del vacío continente americano. La cuestión no es meramente académica; tiene graves consecuencias políticas, como veremos muy pronto y en perjuicio nuestro si de aquí a 1992 no esclarecemos ciertas premisas y dejamos que el V Centenario del Descubrimiento se convierta en una gigantesca reproducción del malhadado CLXXV Aniversario de la Constitución de Cádiz.

2.º En lo que respecta al idioma español, hay que recordar que la importancia internacional de cualquier lengua depende de dos medidas. De un lado está el simple número de personas que la hablan. Y de otro su valor como medio de comunicación cultural, científico y económico, o como *lingua franca* internacional. Nadie discute la importancia del chino, lengua de mil millones de personas, pero nadie dice que sea más importante que el alemán, hablado por un centenar de millones de centroeuropeos y leído en todo el mundo. Y todos reconocemos que el inglés reúne ambas condiciones, cuantitativa y cualitativa, para ser hoy por hoy la principal lengua en el mundo. Pues bien, va en interés de españoles y demás hispanohablantes atender a ambas dimensiones de nuestro idioma. Confiar en el simple crecimiento vegetativo de nuestra población y creer que así llegará el español a ser la lengua fundamental del planeta es engañarse. Es un hecho capital que cada año nazca una decena de millones de niños llamados a usar el español como lengua materna, pero también lo sería que un millón de ingenieros, hombres de negocios y profesores lo aprendiesen como lengua secundaria para relacionarse internacionalmente o para disfrutar de nuestra cultura. Una tosca noción cuantitativa del idioma nos llevaría a una política cultural inoperante.

3.º Una concepción realista, en cambio, nos llevaría a una acción cultural más atenta a las minorías. Los franceses han comprendido muy bien que el futuro de su lengua no está en el número, sino en la calidad de los que la hablen, y cultivan a las minorías dirigentes de medio mundo. No tenemos nosotros por qué copiar en todo este modelo francés –está claro que el español es de veras la lengua nacional, por ejemplo, *de* Chile, mientras que el francés no es más que la lengua cultural *en* el Senegal– pero sí podría inspirar nuestra actuación en regiones como Europa occidental, hoy muy descuidadas. Es más, hemos perdido ocasiones ya irrecuperables de mantener el castellano en minorías tan significativas como los sefardíes o ciertos medios filipinos.

4.º En cuanto al español en los Estados Unidos, quizá lo más sensato fuese concentrar nuestro esfuerzo en fomentar el estudio de nuestra lengua en las Universidades. No se me oculta que esto puede parecer paradójico, y que desasistir a las escuelas para ayudar a las Universidades semeja propiciar la metalurgia a costa de la minería, y correr el riesgo de andar escasos de materia prima. Pero ocurre que la materia prima, dada la actual situación demográfica, no va a faltar en un futuro previsible. Y ocurre también que la imagen es en los Estados Unidos un factor poderosísimo, y si dejamos que lengua española equivalga a lengua de parias nunca se romperá el círculo vicioso que obliga a los inmigrantes a olvidar el español –y no sólo a aprender el inglés– para dejar de ser ilotas.

5.º España puede y debe, pues, utilizar simultáneamente dos elementos distintos en los Estados Unidos para aprovechar la actual ocasión histórica de reafirmar el español como lengua internacional. Por un lado ha de devolver su orgullo de hispanohablantes a aquellos inmigrantes que vayan accediendo a la educación superiór, y por otro lado ha de hacer ver a las clases dirigentes norteamericanas que la cultura española es una cultura *europea* parangonable a la inglesa o a la francesa. Esto último puede parecer inútil por evidente, pero de ningún modo lo es. El adjetivo *Spanish* evoca en la mente del americano culto imágenes de Pancho Villa, de Perón y de la Inquisición, y rara vez de la biblioteca de El Escorial o de la catedral de Burgos. Y no es precisamente con aspavientos políticos a favor de los *chicanos* como cambiaremos la injusta imagen. Los exabruptos e injerencias –que por lo demás el Gobierno español ha sabido hasta ahora evitar– serían en el mejor de los casos inoperantes y en el peor contraproducentes.

A punto ya de terminar este trabajo encuentro una voz muy autorizada –y, espero, no «clamante en el desierto»– que predica la razón. Don Manuel Alvar, de la Real Academia Española, en un artículo titulado con valentía «El derecho a la lengua nacional» («ABC», 7-3-87), califica así la cuestión de los *chicanos* y su idioma: «Un problema que técnicamente me afecta, que patrióticamente me conmueve (¿en la misma medida lo sienten aquellos a quienes queremos redimir?), que humanamente me lacera.» Pero reconoce como indudable que «en Estados Unidos la única lengua nacional es el inglés», y termina con esta sensata reflexión: «La verdad es la verdad, y *non vale el azor menos por nacer de mal nido.*»

Y puesto que la cita es del rabino don Sem Tob, cuya pertenencia a la minoría hebrea no le impidió ser uno de los grandes escritores castellanos, completemos la cita y con ello acabemos esta reflexión esperanzados en el futuro entendimiento entre mayorías y minorías, y convencidos de que éstas «no valen menos»:

> *Nin los ejemplos buenos*
> *porque judío los diga.*

(*Política Exterior*, Primavera 1987)

Indice de los principales términos y conceptos comentados

317

INDICE GENERAL